光のあるところには
影があるでしょ。
世の中ぜんぶそうですよ

「人生一度きりなんだから、
やりたいことを
やってみなよ」

嘘と泥棒はするな
仲間を大切にしろ
その日の一番になれ

噺家人嫌い

桂宮治

扶桑社

まえがき

えー、一席おつきあいを願っておきますが……。

落語のほうは、相も変わらずそそっかしい人が出てまいります。そそっかしい人のことを「粗忽者《そこつもの》」なんて言いますが、昔でいう江戸、いまの東京というところに、肉屋の倅《せがれ》がおりました。

これがその粗忽者で、大層そそっかしい。そそっかしいだけじゃあない。跡取りの長男坊とあって、家族一同から甘やかされたせいか、大変な人見知り。「人に会いたくない」と保育園にも小学校にも行かない。いわゆる〝不登校〟というやつで……。

たまに母親に引きずられるようにして教室に行くってぇと、後ろの隅のほうでグズグズ、メソメソ。でもまぁ、小一時間もすると、そんなことはケロッと忘れてしまい、友達とパアパア、パアパア明るく話せる。気がつけば、クラスの中心になって悪ふざけをしている。そんな子だったんだぁそうです。

この粗忽者、名を利之と言いました。

人見知りのくせに小さいころから、将来の夢は「舞台に立つこと」。つまり、役者になりたかったんですな。高校を卒業すると、さっそく役者になるための学校に通い、夢だった舞台に立ちますが、これがホントの鳴かず飛ばず。アルバイトをしては芝居に出て、芝居に出ては借金を膨らませていく。そんな生活を送っていました。

ところが人生というやつはわからないもので、芝居を続けるためになんの気なしに始めた化粧品の実演販売という仕事、ワゴンに載せた商品をあでもない、こうでもないとしゃべりながら売ってしまうことから「ワゴンＤＪ」と呼ばれるんだそうですが、これが性に合っていたようです。ワゴンいっぱいのクリームやらローションやらをあっという間に売ってしまう。やがて全国を股にかけるようなトップセールスマンになってしまいました。

そんな利之の頑張りを神様は見ていたのでしょうか。生涯の伴侶となる美しい女性と出会います。まさに人生バラ色。いよいよ結婚式、さぁ新たな人生の門出だ、祝いだ、披露宴だ、という段になって、何を考えたのかこの利之という男、

「俺ぁ、仕事を辞める。落語家になる」

と言いだします。自分には人前で話す天賦《てんぷ》の才があるとでも思い込んだのでしょうか。

いやぁ、そそっかしいにもほどがある。

本当に大変な粗忽者があったもんで……。


こんにちは。

落語家の桂宮治と申します。本名は宮利之です。


あれ？　どこかで聞いた名前だなって？

はい。お気づきのように、先ほど話した「粗忽者」とは僕、桂宮治のことなんです。

僕が落語界の門を叩いたのは二〇〇七年（平成十九年）の冬のことです。

寒空の下、新宿末廣亭で待ち伏せし、楽屋口に入ろうとする桂伸治師匠に「弟子にしてください！」と申し出ました。師匠は僕をそのまま近くの喫茶店に連れていくと、「やめたほうがいいよ」と説得し始めました。落語界で生きていく厳しさを口酸っぱく説かれましたが、僕は諦めませんでした。数日後、浅草の喫茶店で妻と一緒に頭を下げ、ようやく認めてもらい、翌二〇〇八年二月に浅草演芸ホールより楽屋入りを果たすことができました。

落語界の一員として修業を積むことを許されたのです。

それからおよそ十五年がたちました。まだまだ駆け出しに毛が生えたようなものですが、おかげさまで、いまでは家族五人が食べていけるようになりました。ありがたいことに二〇二一年に真打ちに昇進させていただき、いまでは人気演芸番組『笑点』のレギュラーメンバーを務めさせていただいています。

そんな僕ですが、実はなぜか小さいころから人に会うのが嫌いで、家に引きこもってばかりいました。「人嫌い」といっても過言ではないと思います。

そうなんです。

見かけや芸風、落語家としての経歴から、あっけらかんと噺家をやっているように見えるかもしれません。自分でも「明るい道ばかり歩んできた人」と見られがちな気がするのですが、実はまったくの逆なんです……。

昔から、失敗するとメチャクチャ引きずります。自分が思っているより事態はもっと悪くなっているのではないかと、グジグジグジグジ、心配と不安の泥沼にハマっていく。何年も前の出来事とかも、ずっと引きずっています。

そうか、人と会うから面倒な目に遭うんだ。人と会わなければ、失敗しなくて済むじゃないか。そんなふうに考えて、できるだけ人に会わないようにしてきました。

ところが、幼なじみと話していて「お前、登校拒否だったっけ？」と言われたことがあります。自分の実像と、周囲の僕に対するイメージがまったく一致してないんです。

実はず―――っと悩んで、すんごく苦しんできたのに、周りからは楽しそうに順風満帆でそのままワアってここまで来ちゃったと思われているようで。

「いや、まったく逆なんだけどな」

というのが本心です。僕にとっては表なんだけど、他人から見ると裏の部分。そこに気づいてくれている人は、妻を含めて何人かいて、いつも心配してくれます。

気が弱くて、頭が悪くて、行動力がなくて、支えてくれる人がいないと、何もできない――これが本当の自分。なんとかここまでこられたのはたまたまの奇跡。本当に実力でなく、人との出会いと運だけです。

でも、「グジグジしてたっていいじゃないか」と思う自分もいます。だからこそ、必死に物事に取り組める。失敗した次の日に「何も知ーらない」と放り出さず、ずっとグジグジ考えているからこそ、同じ過ちをしないようになるんじゃないかと。

失敗で失ったものを取り返すために、迷惑をかけた人に謝りにいったり、打開策を考えたりする。これって精神的につらい作業なんですが、心配事が一つでもあると落ち着かない性分だからやめられないんです。気持ちの切り替えが下手くそなんですね。だからつらいけど、心配事を少しでも解決するために必死にあがいてきました。ただ、人との付き合いだけは邪険にしてこなかったと思っています。

失敗して、グジグジして、つらいけど頑張って、人に助けられて……を繰り返していたら、「いま、ここにいる」という感じでしょうか。

というわけで、この本では、これまであまり知られていなかった僕の「闇」（ブラック）の部分もお話しすることになります。

僕は東京都品川区の武蔵小山と戸越銀座界隈で生まれ育ちました。どちらも昭和の情緒が残る、人情味豊かな商店街です。両親はそこで精肉店を営んでいました。

商店街の居心地がよすぎたのか、家族に甘えたかったのか。保育園児のときからいわゆる「引きこもり」で、中学生まで不登校児。区のカウンセリングを受けさせられたほどです。

両親の離婚をきっかけに「しっかりしなきゃ」と学校に行くようになりますが、高校受験に失敗。志望校に進めず、「滑り止め」の学校に進学したあと、バイト仲間との遊びにハマってまた不登校になってしまいます。担任の先生から「あと一日休んだら卒業できないぞ」とまで言われました。ギリギリセーフで卒業して、憧れの俳優を目指して養成所に通い始めます。何年か続けましたが、向いてなかったようで芽が出ませんでした。

そんなとき、俳優仲間に誘われた「ワゴンDJ」と呼ばれる化粧品の実演販売の仕事を始めたところ、これが思いのほかうまくいって、みるみる業績がアップ。一気に「トップセールスマン」と呼ばれるようになったのですが、その途端、仕事に迷いが生じてしまい、結婚と同時に会社を辞めました。

結婚式の準備をしていたころ、戸越銀座のアパートの一室でYouTubeを見ていると、昔の落語の動画が目に飛び込んできました。着物を着たおじさんが満席の会場を大爆笑させている様子を見て、一瞬でその魅力に取りつかれました。

人をこんなに幸せにできる仕事があるんだ、と。

当時、三十歳でした。

落語家になりたい。

漠然とそんな思いを抱いた僕の背中を押してくれたのは妻でした。あのとき、妻が「人生一度きりだよ。やりたいんだったらやってみなよ」と言ってくれなければ、僕の人生はまったく違うものになっていたはずです。

そして「落語家になりたい」という気持ちだけのド素人で妻帯者の〝おっさん〟を受け入れてくれた落語界の懐の広さ、深さ、そしてほかに行き場のなかった僕を拾ってくれた桂伸治師匠の「親心」に感謝しない日はありません。

人嫌いなんだけど、人に救われている……。

おかしな話だと思いますが、これまでの人生を振り返ると、そんな気がします。

これからお聞かせするのは、〝人嫌い〟だった一人のガキンチョが、たくさんの人との出会いに助けられ、落語の世界に導かれて、なんとかかんとかガムシャラに生きてきた。そんな〝噺〟です。

最後に、僕の好きな言葉を紹介してまえがきを終えたいと思います。よく色紙にサインと一緒に書いたりします。

それはこんな言葉です。

明るい所に花は咲く

目次

第四章　新しい景色

第五章 『笑点』

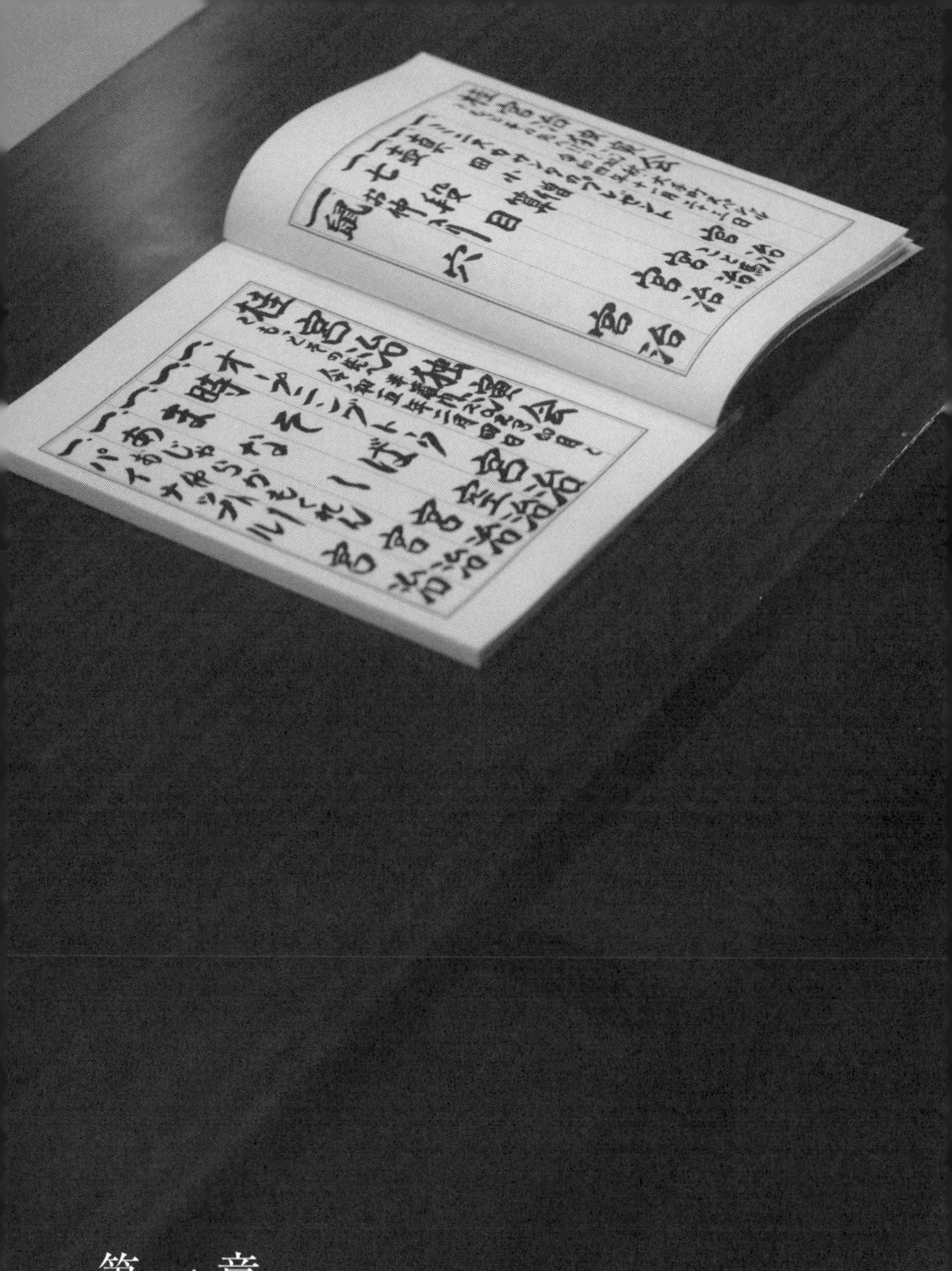

第一章

不登校だった幼少期

スナック街の人気モノ

一九七六年十月七日九時四十八分、東京都品川区の小さな診療所で僕は生まれました。

体重四〇〇〇グラム、身長五十四センチ

母が古い段ボール箱にしまっていた母子手帳の記録です。

「小さく産んで大きく育てる」とよく言われますが、いまの僕の体型を見てもおわかりになるように、僕は少し「大きく生まれた」ほうでした。

小鳥の親子が細い木の枝に仲良く止まっている姿が描かれた、色褪せたピンク色の表紙の手帳には、「出産予定日　十月六日」、「在胎期間　十カ月」と書かれています。ほぼ予定通り、順調な出産だったのでしょう。所見欄には　青インクで「異常ナシ」というハンコがペタンと押されています。その年、五月からの母体についても記されていますが、常にむくみはなく、血圧も正常。産後の異常や合併症について記入する欄は空白になっています。肥立ちもよかったようです。

赤ん坊の僕の体調欄には「異常ナシ」の青いハンコが続きます。

十二月二日　四三八〇グラム

二月十二日　四九二〇グラム

まさに健康優良児。母乳を飲んですくすくと育っている様子が数字からわかります。

当時、母の光子が二十九歳、父の保が三十三歳。母は僕が生まれる八年前に長女を、六年前に双子の次女と三女を産んでいましたが、初めての男の子に家族全員がとても喜んだそうです。末っ子の僕をとにかくかわいがって、大事にしてくれました。とりわけ、父方の祖父母にとっては初めての内孫だったので、僕をメチャクチャ甘やかしていたようです。

ただ、三・四カ月児健康診査で、「音のする方に首を回しますか」とか「お母さんを目で追いますか」といったチェック項目では「はい」とマルがしてあるなかで、「あやすと声を立てて笑いますか」という質問には「いいえ」にマルが！　のちに僕を苦しめることになる「人見知り」が早くも始まっていたのかもしれませんね（汗）。

母子手帳には、父親の職業を記入する欄もあり、そこには「精肉業」と書かれています。父方の祖父が新潟から上京して一代で築いた店で、祖父母と両親の四人で経営していました。祖父は相当なやり手だったらしく、店先で精肉を販売していただけでなく、焼き肉屋に卸したり、地域の病院や学校に配達したりと、手広く事業を手がけていたと聞かされています。祖父は何事にも厳しい人でしたが、僕にはデレデレ。僕が三歳のときに亡くなったので、思い出はあまりないのですが、ヘビースモーカーで缶ピー（缶入りの「ピース」）がこたつの上に置いてあったのを覚えています。

店は東急電鉄目蒲線（現在の目黒線）の武蔵小山駅前から始まる商店街の手前にある繁華街の一角にありました。周りには人と自転車しか通れないような狭い路地が入り組んでいて、それこそ火事があっても消防車が入れないようなところでした。そこに背の低い木造の建物が立ち並び、居酒屋やスナックがひしめいています。路上から見上げると店名が書かれた赤や緑の提灯がぶら下がっていました。

路地には近くの飲食店の客引きの男性がたくさん立っていたのですが、冬の寒い日などに、祖父がよく熱々のコロッケを配っていました。祖父は武蔵小山商店街で人望があったと聞かされていますが、その理由がわかる気がします。おかげで、孫の僕も「利くん、お帰り」「今日も元気だね」と声をかけられ、かわいがってもらいました。小学生のときには、欲しかった野球のグローブを客引きのみなさんのカンパでプレゼントされたほどです。

家の周りの路地や家屋の間に、不思議と何もない小さな空き地があちこちにあり、そこを「秘密基地」にして遊びました。四方を壁に囲まれた、薄暗くて湿った二、三畳のスペース。名前も知らないような草が生えていましたね。友達と一緒に家の裏の壁に登り、その上を歩いていって、遊び道具を持ち込みます。傘をいくつか開いて壁に掛ければ、雨の日も遊べました。

僕の遊び場だった路地にはいつももつ鍋や焼き鳥のにおいがしていました。夕暮れ時になると、スナックが開店の準備をする物音がし始めます。ママさんたちが掃除をしたり、仕込みをしたり……。開店前のスナックには独特のにおいがあるんです。店の壁や床、ソファに染み込んだ煙草とアルコールのにおいでしょうか。そんな店内に、子どものころの僕は次から次へと平気で入っていきました。ホステスさんやウエイターさんから「利くん、利くん」と呼ばれ、「顔パス」になっていたのです。

家に帰って夜になると、スナックから響いてくるカラオケの音、酔っ払いの大声が聞こえてきます。五歳くらいまでの経験でその人の人格が決まると言われたりしますが、お世辞にも子どもが育つのにいいとは言えない環境で、幼少期を過ごしたことになりますね。

コロッケ、ハムカツ……揚げ物のにおいが充満する自宅

うちはいまふうに言うと、職住一体。一階手前が精肉店、一階奥と二階が住居の一軒家でした。祖父母、両親、姉三人、そして僕の八人が同じ屋根の下で暮らしていました。昔ながらの精肉店で、さばいたばかりで鮮やかな色の肉が並ぶガラス張りのショーケースが店先に置かれていました。お客さんの注文を対面で聞いて精肉を量り売りしていくアレです。

店の右側に入ると奥にでっかい冷蔵庫があって、金属製の大きな扉を開けると、中には薄暗い空間に大きな牛が何頭も吊るされていました。子どもにはとてもショッキングな光景で、中に入るのはとても怖かったですね。

母、みっちゃんに抱かれる僕。家の前の路地には飲食店の看板がずらり

両親が営む精肉店の前で。「揚げ物がおいしい」と評判だったんですよ

住居部分にたどり着くには、フライヤーとスライサーの脇を抜け、引き戸の前で靴を脱いで小上がりになった畳の居間に上がると、ようやく我が家。店ではコロッケやメンチ、ハムカツなどの揚げ物も売っていたので、店だけでなく、家の中までアツく熱したラードのにおいがいつも充満していました。母は揚げ物をしながら、店先で遊ぶ僕を見守っていたそうです。

なので、うちでおやつといったら揚げ物です。居間でこたつに入って食べながら、よくテレビを見ていたものです。居間の奥には台所があって、さらに奥に倉庫みたいなスペースがありました。そこにお風呂があって、裸電球の下で服を脱いでから入浴しました。居間から続く廊下があり、その先にはトイレがある。ガラス戸の下のほうが少し欠けていて雑草が生えているのが見えるのですが、なぜかそこに小便をして、家族にバレては怒られていました。我ながら何やってんですかね。

居間から続く階段で二階へ上がると、物干しができる踊り場があり、その横には大きな和室が二つありました。仏壇のある祖母の部屋で、いつもきれいだったな。別の階段を上がると、小さな部屋が二つあって、姉たちと僕が使っていました。父と母は居間に布団を敷いて寝ていました。

不登校、始まる

　両親が共働きだったので、僕は早くから保育園に通うことになりました。ただ、とにかく行きたくない。家を離れるのが嫌で、駄々をこねた僕はよく母に叱られましたね。物心がついたころから人見知りで、不登校（園）児。毎朝のように号泣していましたが、母に無理やり家から引きずり出されました。

　母は仕事で使っていたスクーターで（本当はいけないのですが）僕を前に乗せ、品川区から目黒区にある第二ひもんや保育園まで送り届けたあと、急いで家に戻っては精肉を配達していました。精肉はビニール袋に入れてあるのですが、当時の僕の体重の何倍もありました。それを次から次へとスクーターの荷台に載せ、店から店へと配って回るんです。冬は寒いから新聞を断熱材代わりに体に巻いていたのを覚えています。

　僕が泣き叫んでどうしようもないので、保育園に行く途中にある清水池公園に緊急避難することもありました。二人で池のそばにあるベンチに座ると、母が、

「なんで行かないの？」

「行かなきゃいけないんだよ」

と優しく説得するのですが、僕はシクシク泣くばかり。母が仕事で家を空けがちだったので、ワガママを言えば相手をしてくれるという〝かまってちゃん〟だったのかもしれないですね。

保育園でいじめられたりしていたわけでもなかったのですが、保育園に着くと、部屋の端っこに縮こまって泣いていました。でも、一時間もたつとケロッとしてキャッキャと遊び始める。

基本的にはお調子者で、暗い性格ではないのですが、すぐに落ち込んだり、かと思うと、はしゃいだり。いまでもそうですが、情緒不安定なんですね。小学（品川区立小山小学校）一年生の最初の通信簿で「落ち着きがない」としっかり書かれていました（笑）。

不登校は小学校入学後も続きます。

自分でも理由はよくわかりませんが、とにかく家で母や祖母と一緒にいたかった。クラスで友達に気を使ってしまうのが嫌だったんです。

あまりに不登校がひどかったからでしょうか。小学高学年のときに、母に連れられて五反田の児童相談所に行ったのを覚えています。心理テストみたいなものやゲームをやらされたあと、母が相談員と話している声が聞こえました。

「あの子、普通ですね」

そりゃあそうです。

人とコミュニケーションが取れないわけではないので。ただ家にいたかった、他人に会いたくなかっただけなんですから。


それでも、気が向いたときは学校に行って友達と何事もなかったかのように普通に話したり、遊んだりしていました。

小学生のころに一番仲が良かったのが、雅之です。学校が終わると、小山三丁目の雅之のアパートに行って、よくファミコンやローラースケートで遊びました。雅之には不思議と気を使うことはなかった。ウマが合ったんですね。けんかもしたけど、すぐに仲直り。地域の太鼓の会も一緒にやっていて、盆踊りのときには二人で太鼓を叩きました。

雅之とは高校まで同じ学校に通いました。ただ、小さいころから病弱でよく学校を休んでいたのですが、持病が悪化し、二十代で亡くなってしまいました。訃報を聞いてすぐに病院に駆けつけると、雅之はもうベッドの上で動かなくなっていました。葬式には太鼓の会の法被を着て手伝いましたが、その後、つらくなってしまい、納骨には行けませんでした。

ずっとお墓参りもできなかったのですが、五、六年前に噺を覚えるために歩きながら稽古をしていて、たまたま目黒不動尊近くのお寺の前を通ると、なぜかそのお寺の墓地に入っていました。右、左と曲がりながら歩いていくうちに、ふと顔を上げると、そこに雅之のお墓があったんです。これには驚きました。呼ぶんですね。

「ごめんな、来なくて」

お墓の前で謝りました。

のちに、お世話になっているお寺のご住職にこの話をさせていただいたのですが、「そういうことがあるんですよ」とおっしゃっていました。

家族みんなで「いただきます」をした記憶がない

僕が初めての内孫だったのでめっぽうかわいがられていたという話はしましたが、なかでも家で僕の面倒を一番よく見てくれたのは祖母でした。

　子ども部屋もありましたが、線香の香りがする祖母の部屋でよく過ごし、祖母と一緒に寝ていました。祖母は僕のご飯をつくってくれたり、お風呂あがりに体を拭いてくれたり、なんでもしてくれました。冬には朝に着る服をこたつに入れて温めてくれましたし、学校に行くためのランドセルの中身を用意してくれたり。といっても、学校には行かずに、そのまま祖母といたんですけどね。祖母は僕が学校に行かなくても何も言いませんでした。学校に行かなくてもいいと思っていたんじゃないかな。

　いわゆる「おばあちゃん子」ですね。祖母は亡くなった祖父のために毎朝毎晩、仏壇の前で手を合わせて長い時間をかけてお経をあげていたので、僕もそのまねをしたりしていました。


　小学四年生のころ、それまで住んでいた店舗兼住宅が改築されたあとはさらに祖母の部屋で過ごすことが多くなりました。父が近くの家や店舗を巻き込んで、三階建ての商業ビルを建て、その二階と三階で暮らすようになったんです。

　新しいビルは白いタイルで覆われていて、一階に家族で経営する精肉店とステーキハウス「ステーキ宮」がありました。あ、あの有名なチェーン店さんとは違いますよ！　うちの苗字の「宮」からつけた名前です。

ほかは貸店舗にして、一階には居酒屋、二階にはスナックが二軒。その二階から階段を上がると、うちとほかの地権者の住居になっていました。祖母の部屋は三階、住居スペース内に二階に下りる階段があって、子ども部屋やお風呂、洗面所なんかがある。子ども部屋は二十畳くらいの大きな部屋だったのですが、窓を開けると目の前がスナックだったので、夜になるとカラオケの音が鳴りやまない。僕は祖母の部屋へ避難し、『演歌の花道』をテレビで見ている祖母のそばで、布団に入って静かに寝ていました。

実は、両親と遊んだ思い出がほとんどないんです。

二人とも、いつも仕事で忙しくしていましたから。休みの日も精肉の卸しでお世話になっているお店に顔を出していました。母は朝から精肉店で働き、夜は自宅から少し離れたところにある二階建ての建物を借りて、自分でママをしながらスナックを経営していました。その名も「アガト」。一階の店舗は入り口から奥に細長いつくりになっていて、カウンターにアクセサリーとかを置いて売ったりもしていましたね。

母は優しい人でしたが、お酒が進むにつれ目が据わって、荒れて……。ある朝、家で目が覚めてトイレに行ったら、母が全裸で上を向いて寝ていて、あのときはさすがにビックリしました（笑）。

小学低学年のころ、寝るときに母が『星の王子さま』の絵本を読んでくれたのを覚えています。あまり一緒に過ごす時間がなかったのでうれしかった。

父も優しい人でした。思い出は、路地でキャッチボールをしたり、野球観戦に行った程度。武蔵小山駅前の立ち食いそば屋で一緒に食べたこともあったかな。僕は子どもで背が低かったので、一斗缶の上に立って父と肩を並べてそばをすすりましたね。

忙しい中でも優しくしてもらっていたと思います。「あのころに戻りたい……」と思うこともありますが、やっぱりないかな、と思い返します。人生、もう一度同じことをやったら、疲れちゃいますよね。人生は一度で十分です。みなさんはどう思いますか？

当時、僕以外の家族はみんながそれぞれバタバタしていて、家族全員が一緒にいることがほとんどなかった。土日もお店はやってたし、母は配達やスナックで、姉たちは部活で家にあまりいなかったり……。家族みんなでそろってご飯を食べる前に「いただきます」

をした記憶がありません。

ドリフに夢中

祖母以外の家族が相手をしてくれないからか、小さいときからテレビっ子でした。いまでも家にいるときはテレビがついていない時間はありません。小学生のころ、学校を休んでは、一人でテレビを見ていました。なかでも、ザ・ドリフターズの『8時だョ！全員集合』は毎週楽しみにしていた番組です。

僕は人嫌いで、不登校でした。でも、ややこしいことに人を楽しませたいという気持ちがあった。学校に行くまでは大変なんだけど、学校に行ったら行ったで友達とキャッキャ遊ぶし、喜ばせたかった。なので、学校でドリフのヒゲダンスのものまねをして、給食のミカンをフォークで刺したり。親戚と温泉旅行に行ったときには、旅館の宴会場にあった舞台に上がり、ひげダンスを踊って、みんなを笑わせました。なんか、やりたくなっちゃうんですよね！　ただ、ひとしきりはしゃぐと、母親のところに戻って小さくなっている、そんな子でした。

旅先の宿の宴会場で、ヒゲダンスをする僕。このころから舞台に立つのは好きだった!?

ところでドリフといえば、加トちゃん（加藤茶）派とケンちゃん（志村けん）派がいると思いますが、僕はケンちゃん派。自分の世界に人を引き込むパワーがすごいですよね。

噺家になってから地方空港でお見かけして、「本物だ！　本当にいたんだ！」とものすごく感動！　ベースボールキャップをかぶって、目立つ色のジャンパーを着ていました。声はかけられませんでしたが……。新型コロナ禍で多くの方々が亡くなりましたが、志村さんの訃報は本当にショックでした。

新宿コマ劇場の座長公演も大好きで、母

に何度も連れていってもらいました。最初に芝居があって、歌があって、笑いがあって泣かせて……。舞台の上でこういうことをやりたいなあと、そのころから漠然と思い始めたんですね。

中学生になったとき、僕が「芝居をやりたい」と言っていたものですから、母の知り合いの役者さんが出演していた、吉幾三さんの座長公演を母と一緒に観にいったことがありました。その役者さんはかなりの重鎮だったと思いますが、楽屋で挨拶をしたときに「高校だけは出なさい」と言われて重く感じ、そうすることにしました。あとで出てきますが、結局、高校でも不登校になっちゃったんですけどね（笑）。

両親の離婚

小学校を卒業し、品川区立荏原第一中学校に進学しました。ある日、双子の姉と一緒に二階の子ども部屋でアイスクリームを食べていると、上の階から両親が大声で口げんかをしているのが聞こえてきました。怒鳴り声がするなか、姉が、

「うち、離婚するらしいよ」

と小声で教えてくれました。

「えっ」と思ったら、続けて、

「利くんと私たち、父親が違うんだよ」

と。母は、三人娘を連れて父と再婚していたのです。僕はそれまでそんなことを知らなかったので「え、そうだったんだ」と驚きました。そのときは不思議と悲しくなかったのですが、そんな驚きを押し殺そうとしていたせいかもしれません。

離婚後、母と姉二人と一緒に荏原中延のアパートに引っ越しました。一番上の姉はすでに成人し、嫁いでいました。母は武蔵小山の店を引き払い、銀座でクラブを始めて、僕たちを養ってくれました。ところが、バブルが崩壊。このときは相当大変だったようで、結局、クラブを畳み、今度は戸越銀座の外れの国道沿いに定食屋を開いたのです。

店にはカウンターと小上がりがあって、四人がけのテーブルが二つ置いてある程度。こぢんまりしてましたが、店構えがかわいくて、甘味屋と間違えられてしまうくらい。焼き魚、揚げ物、煮物、カレーとなんでもありました。このときは僕と姉たちも開店時から手伝っていました。

母は本当にいろんなことに挑戦して、女手ひとつで僕ら子どもたちを育ててくれました。お金がないのに僕のわがままを聞いて、欲しいものは何でも買ってくれましたし、ひもじい思いをした記憶もありません。たまに家でつらそうな顔をしているのを見ましたが、母はいつも「大丈夫、大丈夫」と口ぐせのように言ってました。

母の定食屋は開店からしばらくは順調だったのですが、徐々に客足が遠のき始め、借金を抱えるようになりました。何度も立て直そうとしたのですが、借金は膨らむ一方だったので、二〇一三年ごろに閉めました。借金はまだ残っていて、連帯保証人だった僕と姉たちはいまでも返済し続けています。

母にはそのころ、パートナーの男性がいました。定食屋をやめたあと、一緒に千葉の姉夫婦の家の近くに移りました。その後、母は少しずつ体が動かなくなり、記憶もなくなっていきました。指定難病の「進行性核上性麻痺」というのですが、アルツハイマー病とパーキンソン病の両方にかかっているような状態で、家族のことも認識できない、体も自分で思うように動かせない。いまではパートナーが面倒を見てくれています。

四年前に病院で顔を見たときは、やつれていてショックでした。「来たよ。元気?」って言ったら、必死で何かを話そうとするのですが言葉にならないようで、きちんと聞き取れませんでした。ただ僕のことはわかってくれたのでしょうか、涙をポロポロ流していました。

僕が落語家になって二ツ目になったところまでは理解してくれているはずですが、真打ちになったことと、『笑点』のレギュラーメンバーになれたことをきちんと報告できていなかった。毎週日曜の夕方に息子の顔をテレビで見せてあげたかったけど、たぶんもう何も理解できなくなっていると思います。新型コロナ禍で近くに住む長女ですら会えない日々が続いていましたが、僕が笑点メンバーになったあと、とあるテレビ番組の企画で四年ぶりに会うことができました。その話はあとでしたいと思います。

母と僕らが引っ越したあと、武蔵小山の精肉店とステーキハウスは、父が一人で経営していましたが、母がいなくなって回らなくなってしまったのでしょう。やがてビルごと売却してしまい、千葉のほうに越していきました。

相手の考えが見えないから、人が嫌い

両親が離婚すると、さすがの僕も、

「迷惑をかけるのはよくない。自分がしっかりしなきゃ」

と思い、中学校には毎日通うようになりました。

部活はもちろん「帰宅部」です。学校では同級生とキャッキャやってるけど、家が好きなのは変わらなかったので、放課後にたむろするような場所には行きませんでした。学校の中心的なグループとは仲良くしているけど、危ないときはついていかない。地元の中学校同士のけんかの場とかにも絶対に行きませんでした。

そもそも人嫌いだから知らない人がたくさんいる場所に行きたくなかったし、家族から優しくされてきたからでしょうか。どんなに嫌な相手にも手が出るということはなかった。殴り合いのけんかなんて、もってのほか。「三つ子の魂百まで」じゃないけど、子どものころに僕をかわいがってくれたおじいちゃんやおばあちゃん、両親、姉妹に感謝しなきゃいけないですね。

夏休みに三十日間、家から一歩も出ず、誰とも会わなかった年もありました。友達が家に来ても家族に「いないって言って」と。母から「大丈夫？」と言われたのを覚えています。

大晦日に出かけたり、地域の行事には出たりしていましたので、まったく引きこもっていたわけではないのですが、基本的にそういう場は大嫌い。家にいたい。行けばそれなりに楽しい気もするのですが、メチャクチャ気を使っちゃう。「みんなを楽しませなければいけない」という強迫観念からではなく、嫌われたくない、「あいつ、面白くない」と言われたくない。そんな被害妄想が広がって、人前に出たらキャッキャとはしゃいでしまう。

でも友達はそんな僕の心を見透かしているかもしれない。笑って楽しくしゃべっていても、心の中では「け、くそっ」と思っているかもしれない。

そう、人間って何考えているかわからないですよね。表情とかしゃべっている内容だけでは、絶対にわからない。だから心の底から人を信用できないというか……。何を考えているかわからない人が、何人もいる場所が苦痛なんです。いまでもその部分は変わらない。でも、家族は違う。絶対に裏切らないから。だから家にいたい。

と言いつつ、ずっと一人でいたいわけでもないんです。グループの輪の中に入ったら、中心でいたいという欲求もある。いったいどっちなんだ！と。自分で言うのもなんですが、病んでますよねぇ。

本当にうまいこと、グループにスッと入れる人、いるじゃないですか。ああいうことができない。いろんな人が集まると、自分のことをどう思っているんだろう？……と気になってしまう。ついついウラを考えすぎて、疑心暗鬼になる。ひょっとしたらこう考えてるんじゃないかなと、変な想像を延々としてしまうんです。

そういうのって、キリがないから疲れちゃうわけです。

幼少期に誰かに裏切られたとかトラウマがあるわけでもないのに、なんででしょうかねぇ？　家族以外の人をそんなに信用していないし、密な関係を築かない。だから相手に過度な期待もしてないんですけどね。

裏を返せば、自分が人から信じてもらえるような人間ではないからそう思うのかもしれないですね。「誠心誠意、あなたのために何かをします」という人間じゃないから。……あ、もちろん、何かあったら助けます。そんな薄情じゃないですよ（笑）。

人見知りは優しい人がなるものと聞いたことがあるので、決して悪いことではないはず。いろんな人の気持ちをくみ取ろうと、わかろうとして怖くなる。「どう思ってるんだろう？」が増幅して疲れちゃう。だから人とは一緒にいないほうがラクだと思ってしまう。

中学生時代、自分は暗い性格だと思っていたのですが、最近、同窓生と話すと、「そんなことなかったよ。明るかったじゃん」って言われます。自分の思い込みと外から見たイメージは違うのでしょうか。誰が何と言おうと、やっぱり人は嫌いですけどね。

人生最大のモテ期

中学三年生のときに生徒会役員の選挙があり、同級生から「お前、出てみろよ」と言われました。人前では明るく振る舞っていたからでしょうか。ノリの悪いヤツと思われるのもイヤだったので「じゃあ」と生徒会長に〝出馬〟しました。結果、意外にも当選。公約すら記憶にありませんが、表ヅラがお調子者の性格はいまと変わらず、おまけに弁が立ったから、当選してしまいました。

でも、生徒会はマジメにやりました。募金活動を頑張って都知事に表彰されたほど。「夏よどんと来い集会」というタイトルだったかな？　その全校集会で、自分で書いた戯曲を発表したこともありました。出演者は生徒会役員。演出は僕。生徒会役員の女子にソロバンを持たせて、トニー谷の「あんたのおなまえなんてェの」と言わせたりして。

いまから思うと、女子中学生に何やらせてんだと（笑）。で、それを体育館の一番後ろから見ているわけです。「オレがやらせた芝居だ」と自信満々で。戯曲を書いたのは人生でこのときだけですね。

自分で言うのもなんですが、このころはどういうわけか女子にモテました。外面がよかったからでしょうか。バレンタインデーに家のピンポンが鳴ったので外に出てみたら後輩の女子が何人も並んでいてビックリしたことも。卒業式のあとにはブレザーのバッジやらなんやらが全部、女子に持っていかれました。

まさに「モテ期」。思えば、あれがピークでしたね（涙）。


学業のほうはテスト直前の〝一夜漬け〟が基本でしたが、そんなに悪くありませんでした。小学生のころから地域のチームで野球をやっていたせいか、運動神経も悪くなかった。マラソン大会ではいつも十位以内でした。

というわけで、なぜか内申点が高かった僕は、家の近くの都立高校を受けました。普通に受かると思ってましたね。ところが、僕は緊張するとお腹が痛くなるタチでして、試験当日、一科目目が始まってすぐにもよおしてきました……。数問解いたところでいよいよ我慢できなくなり、手を挙げて「トイレに行っていいですか」と。周りで問題を解いていた人たちはみんな迷惑だったでしょうね。

幸いにも試験官が行っていいというので、試験会場の教室を出てトイレへダッシュ。ギリギリセーフで用を足し、教室に戻ろうとすると試験官が行く手を遮り、「一度教室を出たら戻れません」と……。

「おーい、そういうことは先に言えよ！」

と心の中でツッコみましたが、あとの祭り。決まりなので仕方がない。一科目目が終わるまで教室には入れない。ちなみに、一科目目は僕が得意にしていた国語。それを数問しか解かないで出てきてしまったのです。そんなのありえますか⁉

二科目目が始まるまでの数十分、廊下に立ったまま、風でカタカタとなる窓から外の冬景色を見て時間をつぶしました。

結果はもちろん不合格でした。

バイトと遊びに明け暮れて、不登校に逆戻り

結局、「自転車で通えるから」という理由で近くの東京学園高等学校に進学しました。人嫌いは続いていましたから、部活には入らず。電車で通学している生徒たちは車内で仲良く話したりしていたようですが、僕は自転車通学だったのでそんなこともありませんでしたし、そもそも興味もなかったですし。

そんな高校一年生の終わりごろ、目黒の老舗中国料理店「香港園」でホール係のアルバイトを始めました。そこで出会った二十代のアルバイト仲間と意気投合。年上の人たちには甘えられたからでしょうか、付き合いが楽しくなって、毎日のようにシフトに入り、仕事があってもなくても一緒に遊ぶようになりました。

いわゆる「バブル経済」はすっかり弾けていましたが、そのころの僕ら若者にはそんなことは関係ありません。二十代の支配人と副支配人はアメ車に乗っていました。バイト後は、助手席に乗せてもらって、毎晩のように繁華街に行って遊んでましたね。

人とつるむのが嫌いだった僕ですが、このころは年上の人たちが連れてってくれる自分

の知らない世界への好奇心が勝っていたんですね。バイト代もよかったですし（笑）。新宿でバッティングセンターに行ってからナンパしたり、先輩の部屋で夜更かしして、先輩のカノジョと一緒に泊めてもらったり。そんな日の翌朝は学校には行かず、直接バイトに行ってました。成績のことなんて、まったく考えていませんでした。

バイト仲間で野球チームを結成し、地元の早朝リーグに加盟することに。平日の朝、先輩が車で自宅に迎えにきてくれて、ユニフォーム姿で乗り込むと、世田谷区の野球場へ直行。試合後は、学ランに着替えて車で学校まで送ってもらったこともあれば、中国料理店のバイトに直行したこともありました。

高校の校則では、バイクに乗ることはおろか免許すら取ってはいけませんでしたが、そんなことはお構いなし。月四万円のローンを組んで百万円以上もするバイクを買いました。

ませガキですね。地元の友達からは「バイト仲間とばっかり遊んでやがる」と言われていました。当時、バイトばかりしてバイトの仲間とばかり遊んでいるヤツのことを「バイ専」と呼んでいたのですが、僕はまさしく「バイ専」でした。

高校一年生のときは皆勤賞でしたが、バイトと遊びに夢中になり、高校二年生からはほとんど学校に行かなくなりました。また不登校です。小学校のときとはだいぶ理由が違いますけどね。

「あと一日休んだら、出席日数不足で卒業できなくなるぞ」

と担任の先生から注意されたものです。

高校生活の記憶はほとんどないのですが、卒業式には出ました。やはり最後くらいはちゃんとしようと思ったんでしょうね。なのにあろうことか、帰りがけに卒業証書をどこかに落としたのか紛失。警察にも届け出たのですが、見つかりませんでした。卒業後、僕の高校は閉校してしまったので、僕が高校を卒業していることを証明することはできない、という説もあります。

第二章
迷走、無責任、ダメ男

俳優を目指したのだけど……

バイトと遊びに明け暮れた高校時代でしたが、小学生のころに思い描いた「舞台に立つ」という夢は忘れませんでした。時間のあるときは下北沢の本多劇場に学生割引で入り、劇場内の階段の上に敷いたクッションに座って観劇していました。

「俳優で誰が好きか」と聞かれたら、高校時代の僕は加藤健一さんって即答していました。最初はたまたま「面白そうだな」と思って加藤健一事務所の舞台を見たのですが、とにかく楽しかった。角野卓三さんと共演した、イギリスの劇作家レイ・クーニーの『パパ、I LOVE YOU!』が好きでしたね。連日満席の大人気公演でした。フランツ・カフカの『審判』で加藤さんが二時間以上も一人芝居するのを観たときは圧倒されました。

高校を卒業したら、俳優養成所に進むつもりだったので、本命の加藤健一事務所のオーディションを受けることにしていました。しかしオーディションを間近に控えた高校三年の冬、なんとバイクで事故ってしまい、緊急入院したんです。オーディションを受ける代わりに全身麻酔をして手術を受けました……というオチです（笑）。

病院までお見舞いに来てくれた担任の先生に、「どうした？」と聞かれましたが、バイクは校則で禁止だったので、

「バイクで事故りました」

とは言えず、

「階段から落ちました」

と。先生は苦笑い。もうバレバレですわ（汗）。

ちなみに、そのときの傷はいまも鎖骨あたりに残っています。


加藤健一事務所のオーディションは年に一度しかなかったので、このままだといわゆる「プー太郎」になってしまう。「一年も棒に振るのは嫌だ」と別の俳優養成所を探した結果、加藤健一事務所でよく演出を担当していた星充さん（故人）の養成所に入りました。「加藤健一さんに少しでも近いところにいられれば」という思いもありましたが、結局、ご本人には会えませんでした。

実は落語家になってから仲良くなった劇団「花組芝居」の舞台に立ったときに加藤健一

さんがたまたま見に来られていて、ご挨拶したことがあります。「高校時代からのファンです」と、積年の思いを伝えられてうれしかったです。

僕が入った養成所は本当にちっちゃなところで、レッスンは週に三回。稽古場もなく、仲間たちと手分けして公民館の部屋を予約、きょうはこちら、来週はあちらというふうに移動しながら、自分たちでスピーカーやアンプを持ち込んでレッスンをしていました。

養成所には高校を卒業してすぐに入ったものですから社会経験はなく、芝居について大して勉強もしていませんでしたので、うまくできるわけもなく……。初舞台では頬が震えてしまい、ひどいものでした。それもあって、最初から「自分には向いていないんだな」と勝手に思い込んでしまった。上手な先輩の役者さんをたくさん目の当たりにして「こんな役者には何年たってもなれないよ」と負けを認めてしまったんです。

普通なら、じゃあ頑張るぞ！となるのかもしれないのですが、そこから大して努力をすることもなかった。ただ、楽しいからやっていただけ。幕が開き、板（舞台）の上に立っている間は楽しかったです。

「俳優養成所で学んだことで落語の役に立っていることはありますか？」とよく聞かれる

のですが、星先生からいろいろ学んだなかでもとくにパントマイムがよかった。何もないところで「ボールを投げる」とか「壁に触る」とか、体の動きだけで実際にはないものをお客さんの頭の中に映し出してもらう作業は、言葉でそれをする落語と似ています。

俳優（志望）時代には、飲食店とかコンビニエンスストアとか、いろいろなバイトをやりましたが、警備員のバイトをしたときに実際にはいないトラックを誘導して駐車させる研修がありました。

俳優時代のプロモーション写真。別人みたい？

笛を吹きながら、トラックをバックで駐車させたあと、運転手に敬礼するところまでを実演したのですが、僕は敬礼するとき無意識に上を向いたんです。すると、教官がなんで上を向いたのかって聞くんです。「トラックの運転席って高いじゃないですか」って指をさしながら答えたら「その通りだよ。すごいね」って褒めてくれました。あれ、やっぱり俺、俳優に向いてるのかなと思っちゃいました（笑）。

運命のイタズラ

もし高校三年のあのとき、僕がバイクで事故ってなかったらどうなっていたのか？

加藤健一事務所に運よく入れていただけたとする。学校みたいに決まった場所に毎日行ってレッスンを受け、芝居仲間ができて楽しい日々を送れていたかも。そうしたら、役者をもう少し続けていたかもしれませんね。

でも、やっぱり入れなくてよかったのかな。才能もないのに、変にそのままズルズル続けてしまうよりは、ね。

それに、僕にとって大きいのは、劇団には所属せずプロデューサーが企画する「プロデュース公演」と呼ばれる芝居に出ていたおかげで、同じように芝居をしていた妻に出会えたこと。のちに僕の人生を変え、落語に巡り合わせてくれた妻とです。

「運命のイタズラ」ですね。

バイク事故がなくて、加藤健一事務所のオーディションを受けて合格していたら、妻と一緒に芝居をすることもなく、結婚もせず、落語と出会うこともなかった。

高校も俳優養成所も、自分が望んだ道へは進めなかったけれど、流れ流れて、それでよかったんじゃないかと思ったりもします。

じゃなきゃいまも、バイトをしながら「夢は役者です」と言っていたかもしれない。当時、情報誌で探したアルバイトを転々としながら芝居をしていましたが、芝居をするたびに借金をしていましたから。

それに、僕は生まれながらの人見知り。

だから、一人でしゃべる落語が合っている。そもそも、ずーっとほかの人と一緒にいなければならない芝居なんて、百パーセント向いてないんですよ。芝居は嫌いじゃないけど、周りに人がたくさんいるのはダメ。

そうだ、神様が養成所のオーディションに行かせなかったんだな、きっと。

「こいつには一人でやる仕事（＝落語）が合っている」

って。うん、間違いない！（笑）

舞台の稽古中、空き時間があっても、誰ともしゃべれないヤツでした。稽古場の隅っこにいて一人で台本を読んだり。食事のときも一人……。無口で下を向いている、「誰ともしゃべれない人」。

落語家になって年月がたち、嫌だけど人付き合いのスイッチの入れ方を覚えたのでだいぶ改善しましたが、素の僕はそういう感じ。初めて会う人が怖いのは変わりません。繰り返しになりますが、相手が何を考えているんだろう？　自分のことをどう思っているんだろう？ってずっと考えちゃう。

「誰からも嫌われたくない」

「人を傷つけていないだろうか」

そんな不安が頭の中をグルグル回る。相手をする人数が多くなればなるほど、それが複雑になっていって面倒くさくなる。

極端な人見知り、極端に人を信用しない。自分を好いてくれているように見えるけど、本当は嫌いなんじゃないかというマイナス思考から入ってしまう……。

なんでこんなふうになっちゃったのか、自分でもわからない。小さいころ、祖母や母、姉たちから最大級の愛情を注いでもらって、でも他人でそこまでしてくれる人っていないから、「知らない人に会いたくない。僕のことをかわいがってくれる人とだけ一緒にいたい」と思い込んじゃうからなのかな。

これって一生こじらせ続けるんでしょうね（笑）。

すみません。クズでした……

俳優を目指していたころ、高校時代に始めた香港園のバイトで知り合った年上の女性と付き合い始めました。当時、僕はまだ高校生で彼女は女子大生。初めて本気で付き合った人です。

彼女は地方から東京へ出てきて大学の寮で一人暮らし。年は僕の一個上で、店には彼女のほうがあとで入ってきました。背は低くてショートカット。おっとりしていて、とても性格がよくて優しい子でした。

お付き合いをした女性たちはみんな、どこか似ています。まず、背が低い。そして、妻もそうですが、年上で、どこか品があるというか、落ち着いていて、しっかりしていて、はきはきしゃべる人。そうそう、〝初恋〟の人もそうでした。小学校の高学年のときに同級生の女の子を好きになったのですが、人嫌いの僕でも自然と話すことができました。たぶん、お互いに好きだったと思うんですが、周りの友達の目が気になって、何も言えないまま卒業式を迎えたなあ……。

香港園の彼女はルックスが僕の好みで、ボウリングやバッティングセンターに誘って、そのうちに付き合うようになりました。彼女にとっても僕が初めての恋人だったと思います。バイト先では最初は内緒にしていたのですが、面倒くさくなってカミングアウト。バイト仲間に公認されて、公然と仲良くできるようになりました。

彼女は大学を卒業後、就職を機にうちの近くにアパートを借りて一人暮らしを始めました。いまから思えば、これがよくなかった。うちから歩いていける距離だったので、高校を卒業し、バイトと芝居しかやっていない僕はそこに転がり込んでしまった。

俳優を目指しながらシロアリ駆除の営業の仕事をやっていて、そこそこ稼いでいた時期もあったのですが、彼女に家賃も光熱費も払わない。それどころか、なぜか僕の借金は増える一方。バイトから社員になったあと、会社から「社員になったんだから、芝居はもうやめてほしい」と言われ、「それならここを辞めます」と。クズですよね。

ある日、アパートに……あ、彼女のアパートですが……に帰ったら、彼女の姿がなく、寝室のテーブルの上に封筒が置いてありました。見ると、

「トンくんへ」

とあります。「トンくん」というのは家族が私を呼ぶときのあだ名。彼女は僕の実家に泊まったこともあり、気に入って僕のことをそう呼んでいました。

古い1Kのアパートの一室。フローリングの床にテレビ、ベッド、そしてローテーブルが置いてあるだけ。僕は白っぽい封筒を手に取りました。

「もう無理です。別れましょう」

封筒から取り出した便せんに、そんなことが書いてありました。

「このままだと、お互いにとってよくないし、私も頑張っていきたい」

手紙の最後には、私が部屋に戻るまでに出ていってほしい、と書いてありました。

一回、出なきゃ、と。

僕は彼女の家に置いてあった洋服とか身の回りのものをまとめました。ベッドやローテーブルのある部屋の引き戸をカラカラと開けると、狭い板の間に出ます。キッチンとトイレの脇を通り、玄関で靴を履くと外へ出て、トボトボと歩いて実家に帰りました。彼女

とはそれまで別れ話はおろか口げんかすらしたことがなかったので、信じられない展開でした。

でも、考えてみれば、あまりにも僕が彼女に迷惑をかけすぎていたんですよね。「親のスネ」をかじるじゃなくて、「彼女のスネ」をかじってましたから。

そりゃ、フラれますよ。

あのころ、僕は自分がダメなことをやっていると気づいていませんでした。彼女の優しさに甘えていたんです。甘えさせてもらっているのを「当たり前」とすら思わないくらい「当たり前」になってしまう。「芝居をやっている」と言いながらそんなにまじめにやってなかったし、将来のことなんか何も考えていなかった。シロアリの営業をしていたときもサボって彼女の家にいたりしました。そんな生活に慣れてしまって、彼女にひどいことをしていることに気づかなかった。彼女にしてみれば、気がついたらダメな男が横にいて、心身ともに疲弊していき、限界にきてしまったと。

本当にごめんなさい……。

彼女にフラれたあと、心の整理がつくまでにはとても長い時間がかかりました。僕はもう本当に未練タラタラ。初めて長く付き合った女性でしたし、「忘れられない。あんな人はもう現れない。二度とこんな素敵な人に出会えない」と。でも、その独りよがりな苦しみの時間の中で、人からもらうばかりではいけないんだ、人に与えられるようにならなければ、と気づけたのかもしれません。

「ワゴンDJ」でトップセールスマンに

シロアリ駆除の営業を辞めたあと、芝居の先輩に紹介されたのが「ワゴンDJ」という仕事です。ドラッグストアや量販店で化粧品の実演販売をするのですが、「演劇だけじゃなくてお笑いとか、夢を持ってる人が集まっているから」と誘われました。

化粧品メーカーの美容部員の方と店頭で商品を並べると、僕らは大声でお客さんを呼び止め、言葉巧みに気分を高揚させて売り込むんです。そうして、ワゴンに積んだ化粧品を売ることから「ワゴンDJ」。人前で楽しいことをやるのが面白そうでしたし、「演技の勉強になるかもなあ」とやってみることにしました。僕が二十三歳ごろのことです。

最初のうちは、先輩についていって一緒に店頭に立ち、アシスタントみたいなことをしました。やがて一人で店頭に立つようになり、見よう見まねで「ＤＪ」をします。行ったこともない地方の量販店の現場をたった一人で任されます。店に着いて、業務員の方にあれこれと準備をお願いしたら、あとは広い店内に一人っきりでお客さんの足を止めるためにしゃべり続けます。一日が終わり、帰るときに「こんなに売り上げが出てうれしい」と美容部員の方に感謝していただければ成功です。

たまたま居合わせたお客さんを立ち止まらせて、自分のしゃべりを聞かせて、商品を衝動買いしてもらう。そのためには、商品の知識が必要だし、お客さんが話にのめり込むようなストーリーをちゃんと考えて効果的に伝える話術も欠かせない。同じ店でも、ワゴンＤＪの腕によって売り上げがまったく変わってくるんです。

僕は美容雑誌をできるだけたくさん読んで、新商品の成分とその効果を分析し、特徴をつかんで自分なりの成分アプローチやキャッチコピーを考えました。その作業をすればするほど、売り上げが伸びる。やればやるほど結果が出るのですっかりハマってしまいました。ファンデーション、化粧水、保湿液などなど。いろんなものを売りました。

結果を出し始めると、周りから「あいつ誰だよ？」って言われるようになり、いつの間にか僕の営業成績は所属している会社内でトップクラスになりました。僕がメディアに登場する際に、「桂宮治はトップセールスマンだった」とよく紹介されますが、これがその理由です。

人が頻繁に行き交う店内で普通に「すみません」と声をかけても、誰も見向きもしてくれない。僕は、目の前にいるすべての人、一人ひとりに対して「あなたに言ってるんです！」という気持ちになって、

「すみませーんっ！」

と呼びかけるようにしていました。落語会で噺家があなたに話しかけているような気がするときってありませんか？　それと同じで、お客さんが「あれ、いま私に言ってる？」と思って振り向いてくれたらしめたもの。間髪入れずに「ただいまから、本日限りのサービスを始めさせていただきます！」と続ける。こうするだけで、お客さんの集まりがまったく違ってくるんです。

あとはこんな感じです。

「すみません、こちらのお化粧品のお見本ですが、先着五十名様に限ってですが、通常でしたら無料ではお配りできないものなんですが、本日特別に、本当に特別に、いまから無料で、先着五十名様だけに無料で、プレゼントをさせていただきます。いまから整理券をお配りします。大変申し訳ございませんが、なくなったら終了です。早い者勝ちです。本当にすみません！」

普通であれば、お客さんはもらうものをもらったらそれで満足。だって、その場に居続けてもメリットは何もないのですから。だから僕は、僕のそばにいたら「楽しい」「何かが起こりそう」と思われるような空間をつくることを心がけました。「この人、なんか面白い」「次にどんなことを言うのかな」と期待させるのです。商品の説明と販売をお笑いでパッケージにしたショーのようなものです。

試行錯誤もありましたが、笑いや驚き、発見といったものを何十秒かに一度差し込んでいきました。そうすれば、お客さんが僕の前に居続けてくれる。

初めはおっかなびっくりで足を止めただけのお客さんが、ワゴンDJのトークの中に盛り込まれた商品のセールスポイントをうなずきながら聞くようになる。そうなると、「いまだけ、この価格で‼」「いまなら無料で福袋プレゼント」という特典が効いてきて、「早い者勝ち」と言ったら「ヨーイドン」です。お客さんは僕の目の前のワゴンに殺到し、整理券と商品を取ってレジに並びます。そしてまた僕のところに戻ってきて、整理券と引き換えに「本日限りの福袋」をお持ち帰りいただくのです。

ほかにもコツはあります。

ハナから「売るぞ」というオーラを発してはいけない。僕は「財布を置いてきてください」とか「買わなくていいです」と口ぐせのように言ってました。「こちらをご自宅で使っていただきたいだけなんです」ってね。

同じセールストークでも「どうせいつも言ってるんでしょ」で片付けられないようにしなければいけない。

僕はいつも「緊急事態ですっ」という調子でその人に話しかけていました。

まずはお客さんに自分を好きになってもらい、信じてもらうことが肝心。この作業を一番最初に、丁寧にやりました。

これって、落語に似ているんです。

お客さまと噺家の相性もありますが、どんなに練り上げられた噺でも、話し手次第で面白くもなればつまらなくもなる。嫌いな人のアドバイスは正しくても素直に聞けないけど、好きな人からのアドバイスは受け入れやすいものですよね。

気持ちや思いを言葉に乗せれば、相手に伝わる。そういったことを、ワゴンＤＪの仕事は教えてくれたのかもしれません。

ワゴンDJをしていたころ。会社のパーティーにて

しばらくすると、全国の量販店から指名が入るようになりました。

この仕事をしていた当時、いまはナレーターとして活躍している山崎岳彦と知り合いました。お互いに売り方が違うので情報交換をしたり、切磋琢磨してやっていた仲です。

そのころはまだ芝居を続けて

いましたが、前にも言ったように自分に才能がないことは早くから気づいていて、俳優だけで食べていくのは早々に諦めていました。

僕はお客さんをだましていないか？

ワゴンＤＪの仕事は六年くらい続けました。

「ほら、キレイになるでしょ」とか言いながら、お客さんの目の前で自分の手の甲にクリームを塗って見せるんですが、毎日のように塗っているものだから本当にツルッツルのピッカピカになってるんです。それを見たお客さんが「本当にキレイねー」なんて驚きながら買ってくれます。

商品が目の前でどんどん売れていって、成績がぐんぐん伸びる。最初のうちはそれがうれしくて、やりがいにもなった。ただ、売り上げってキリがないんですよね。仕事でも勉強でも、そういうところってありませんか？　どんなに売り上げを伸ばしても、「もっと売ってくれ」「これも売ってくれ」って。

お客さんが喜ぶ顔を見るのはうれしい。

でも同時に、人を信用しきれない、疑心暗鬼な自分の本性が顔を出し始める。本当に喜んでいるのか？　無理やり買わせていないか？　オレ、人をだましてる……？　こんな負のスパイラルに陥って、だんだん良いことをしているとは思えなくなったんです。

出張先のビジネスホテルで一人になると、

「ちょっと大げさなこと言っちゃったなあ」

「今日、自分に会わなければ買わなかったものを、あの人たちに売ってしまったんだな」

などと反省するようになりました。

「いい買い物ができた」と思って家に帰ったおばあちゃんが、お嫁さんから「また余計なものを買ってきて！」って叱られてる姿を想像したり。その日のお客さんの顔を思い浮かべながら、心の底から喜んでいる人が何割いたのかと数えてしまったり。小さいころから精神的に強くないのはご存じの通り。何か気になることがあると、悪いほう悪いほうへと考えてしまう性格なので、「被害妄想」は広がる一方でした。

昔からどうしても気持ちの切り替えができないんです。

不安になって夜中に一度起きてしまうと、もう眠れない。現在進行形のネガティブなことを増幅させてしまって、ああでもないこうでもないと考えて目が冴えていく。

お客さんが僕を信じて買う。でも、魔法が解けたときに、「なんであの人を信じちゃったんだろう。だまされた」ってなるに決まっていると考えてしまう。満足してリピーターになってくれた人もいるはずなのに、明るい記憶が残らず、暗いところが際立っていく。闇のほうがどんどんでかくなってくる。「光」が九十九あっても、「闇」が一あると気になって不安に駆られてしまうのです。

神経質すぎるのでしょうか。人付き合いもそう。いま目の前にいる人たち全員が幸せじゃないとイヤ。この人だけ怖い顔している、愛想笑いしている、と気づいたら、そこが気になってしょうがなくなる。ほかの全員が楽しくしていても、落ち着かなくなって、その場にいられなくなってしまうんです。

でも、全員を楽しませるなんて不可能じゃないですか。なんでこんなことまで気にするんだろう？　どうでもいいじゃん！って思えればいいのですが、無理なんです。

お客さんは僕のことを百パーセント信じていたわけじゃなく、「お試し買い」で買った人もいるだろうから、僕のことを恨んだりはしてないでしょうが、当時の僕はそう思えなくて……。セールストークが過激になればなるほど売れていくし、気に入られれば気に入られるほど売れていく。だから辞められなくなっていた。というか辞めるという考えが思い浮かばないまま、鬱々とした気持ちで過ごしていました。

結婚披露宴でまさかの退職宣言⁉

「俺、人を幸せにできているのかな」

そんなことを考える日々が続きました。すると、戸越銀座のアパートで同棲していた妻が、僕の心を見透かしたかのように言いました。

「やりたくない仕事をしていたら幸せじゃないよね。人生一度きりなんだから、辞めちゃえば。貧乏だって構わないから。やりたいことをやってるほうが幸せだよ」

目の前にかかっていた霧が晴れていくようでした。それまでグジグジと悩んでいた自分がバカのように思えました。

「よし、辞めよう」

即答しましたが、実はそのとき、僕らはすでに婚約をしていて、結婚式場や披露宴の予約も済ませ、挙式の段取りや新婚旅行の計画を立てていた時期でした。よくまあ、そんな時期にこんなことを言えますよね、お互い！

ところが、僕は基本的に〝逃げる〟タイプ。妻からせっかく新しいチャンスをもらったのに「退職」の一言を切り出すことができず、それからしばらく会社に居続けました。案の定、ウジウジしているうちに結婚披露宴当日を迎えることに。

披露宴は滞りなく進んで、最後に新郎のスピーチをする直前に「いまだ！　いま話しちゃえばいいんだ」と。そうすればもう逃げられない。僕は腹をくくりました。

「そろそろ泣きましょうか」とおどけて話してから、

「いろいろ考えたんですけど、『仕事を辞めようかな』と奥さんに言ったら『辞めちゃえ』というので、別のことを始めると思います。みなさんよろしくお願いします！」

マイクを手に披露宴の席でまさかの退職宣言。隣にいた妻も、さすがにこのタイミングで発表するとは思っていなかったそうです。

社長はかなり驚いていましたが、会社の同僚は「そうなんだ」という感じでした。「卒業するときが来たんだ」と思ったのではないでしょうか。

「別のこと」が落語だと聞いて、「落語なんていまさらはやらないよね」「三十歳過ぎて、うまくいくわけないよ」と思っていた人もたくさんいたでしょう。当然ですよね。自分でも、まさか笑点メンバーになって座布団を十枚獲得できる日が来るとは思っていませんでしたから。

こうこうこうなるからこうしている、と将来を見通して行動したことは一度もありません。僕の人生、大抵はなりゆきですから。

披露宴での突然の「退職宣言」でしたが、僕の家族も妻の家族もそんなに心配していないようでした。両家とも、わりと〝はっちゃけた〟感じの家族だったんですね。

僕の新作落語「プレゼント」には、かつての僕のように地方出張を重ねているセールスマンが、店頭で化粧品を買おうとするお年寄りの女性に、こんな言葉をかけるシーンがあります。

「こんなの無理に買う必要ないよ。おうちに帰ってお子さんとかお孫さんとかに『なんでおばあちゃん、こんなのだまされて買ってきたんだよ』とかなったりするから、おばあちゃんに売りたくないんだよ」

第三章

落語との出会い

桂枝雀師匠を見て「これだ！」

披露宴で「別のことを始める」と宣言しましたが、実はそのとき、すでに心は決まっていました。

ワゴンＤＪの仕事から逃れたいと思っていた僕は、妻と同棲していた戸越銀座の２ＤＫのアパートでラグマットに座り、ノートパソコンを開いて、

「何か一生できそうな、楽しそうなことはないかな」

とザッピングしていました。

「一人でできることってないかなあ」

くらいに考えて、キーボードを叩いていました。

〝その瞬間〟が訪れるまで、それほど長い時間はかかりませんでした。何げなく見ていたＹｏｕＴｕｂｅでその映像が流れるや、「これだ！」と心の中で叫びました。

もう大爆笑。立て続けに十回見て、十回爆笑。

「こんなにすごいのがあるよ！」

キッチンにいた妻を呼ぶと、隣に座って一緒に見てくれました。ノートパソコンのモニターに映っていたのは落語の高座。着物姿のオジサンが満席の会場をドッカンドッカン沸かせていました。

「いいんじゃない」

ひとしきり一緒に笑ったあとに妻がサラッと言いました。

「やりたいんだったらやってみたら」

「うん、やりたい」

退職を決めたときと同じで即答していました。

見ていたのは昭和と思しきころの落語会の動画です。調べたところ、高座に上がっていたのは二代目桂枝雀師匠。「上方落語の爆笑王」と呼ばれた方です。NHKドラマ『なにわの源蔵事件帳』の主人公といえばおわかりになる方もいらっしゃるでしょうか。

このとき初めて、落語というものをまともに聴きました。なぜ落語の動画を選んだのかは覚えていませんが、「落語」で検索して最初に再生ボタンを押したのがこの動画でした。

演目は「上燗屋」でした。

ストーリーは、言ったら「何も起きない話」です。奇抜なストーリーが展開されることもなければ、すごいオチがあるわけでもない。酔っ払ったおっさんが屋台の店主のおっさんをいじって、意地汚く値切ってお酒を飲もうと駆け引きをしているだけ。

「タダでしゅか？　タダなら食ったろ」

「すびばせんねえ」

こんなセリフでも、枝雀師匠が言ったら大爆笑。独特の空気、間合いが何とも言えない。枝雀師匠が持つ〝人間力〟とでも言うのでしょうか。まさに「人を笑わせる天才」です。

落語は芝居と違って、脚本家も演出家もいない。音楽もない。酔っぱらって上機嫌な客と冷静な店主をたった一人の人間が演じているだけなのに、何百人という観客が笑い転げている。一人の人間が持っているものだけで勝負している姿に度肝を抜かれました。

それまで僕がしていたワゴンＤＪの仕事とは似てまったく非なるものです。同じ「話す」という技術を使って笑いを生んでいるのに、枝雀師匠は人々を幸せにし、僕は……。

「俺はなんてダメなヤツだったんだ」

と改めて自己嫌悪に陥ると同時に、

「落語ってすごい。この人すごい」

という憧れの気持ちが胸の中に広がりました。

「これで食べていけたら、幸せだろうな」

人を笑わせて幸せにする職業。貧乏するかもしれないけど、贅沢さえしなければ生活できるかもしれない。

「こんなに人を幸せにできる職業なら、一生をかけてやってみたい」

心の底からそう思いました。僕が三十歳のときのことです。

映像とライブを比べたら、ライブのほうが圧倒的に心に響くと思うんです。にもかかわらず、人の人生を変えられるってよっぽどのことですよ。ありえませんよね⁉ドリフで育っただけに、お笑い番組は大好きなので、お笑い芸人になる道もちらっと考えたことがあります。ただ、漫才やコントができるかということより、相方との付き合いができる気がしませんでした。人嫌いだから！

後日、妻に、

「俺がお笑い芸人をやるって言ってたら、なんて言った？」

って聞いたことがあります。

「あ、それは絶対やめたほうがいい。聞かれたら許さなかったと思うよ」

妻は即答。

「政治家に立候補は？（笑）」

「あ、絶対そういうのもダメ。合わないと思う。ムリムリムリムリ（笑）」

妻も、落語家だけは何とかなるんじゃないかと思ったみたいです。しかし、たとえピンでもお笑い芸人向きではないと。妻は琵琶を演奏していて、落語家と一緒に公演をしたことがあるので、僕より先に落語の世界に触れていた。落語を好きで聴いていたわけではないのですが、そんな経験もあってか、僕が座布団の上で古典芸能をやるのは悪くないんじゃないかと、直感的に思ったようです。

はぁ〜。ここでも妻の後押しに助けられていますね。

「この人だ！」……バリバリバリッと体に電気が走った

「落語家になろう」と決めたものの、どうしたらなれるのかがわからない。

妻の知り合いに演芸作家の方がいたので、相談に乗ってもらいました。

「落語家が餓死したという話は一度も聞いたことがないよ」

開口一番、そう言われたのですが、僕は「食べられれば、それでいい。セールスマンとしてつらい仕事をするより、人を笑わせて幸せになりたい」と考えていたので、気持ちは変わりませんでした。有名になりたいとか、金持ちになりたいとか、そんなの全然ありませんでしたから。


で、どうやら落語家になるには、「真打ちの落語家に弟子入りする」しかないということがわかりました。でも、今度は誰に弟子入りしたらいいのかがわからない。どんな落語家がいるのかも知らないので、寄席に行くことにしました。とにかく落語を聴きにいかないことには何も始まらない、と。

上野、新宿、浅草、池袋と都内の定席《じょうせき》（常設の寄席）からホールでの落語会まで、グルグル回りました。

「僕の師匠は誰だろう？」

念じるように高座を見続けました。まだ見ぬ師匠を探して、夏から冬にかけて何十回も。自分の人生で落語を「客」の立場から見ていたのはこの数カ月間だけです。

「お百度参り」などと言いますが、その後も足繁く寄席に通う日々が続きました。そして、ついにその日が訪れました！

桂伸治師匠の高座を見たのは、忘れもしない二〇〇七年十二月、国立演芸場で、です。下手から高座に上がる姿を見た途端、「バリバリバリッ」と体に電気が走りました。

「この人だ！」

これは体験した人ならわかると思うんですけど、本当に全身に電気が走ったような感じがするんです。漫画で雷に打たれるシーンとかありますよね？　あれです。

「それって言葉にすると、どんな感じですか」ってよく聞かれるのですが、言葉になんかできない。言葉では伝えられない感覚を、あのとき、僕は味わってしまったんですね。

いまでも、あのときの自分が何を考えていたのかわかりません。師匠が座布団に座ったあとの記憶がないんです。「運命の日」だったのに、その日、師匠が着ていたものも、演目が何だったのかすら覚えていない。

「外記猿《げきざる》」という出囃子に乗ってヘラヘラした表情で、プラプラと歩きながら「どうもー」と出てきたのを見ただけで、人となりもわからないのに「この人しかいない！」と。落語家の周りに漂う独特なおかしみのようなものを「フラ」と呼ぶのですが、まさしくフラにやられました。

「この人の弟子になりたい。これ以上の人は絶対に現れない。この人が僕を弟子にしてくれないなら、落語は僕が進む道ではないんだ」

終演後、妻に電話をかけました。

「師匠が決まった」

まだ、師匠とは口を利いたことすらなかったにもかかわらず、です。ずうずうしいにも程がありますよね。この話をすると、みんなに笑われます。「断られたらどうしよう」って思わなかったのか⁉って。でも、そのときの僕には自然なことでした。

でも、そんなにヘンですかね？

「えっ、俺っ？」

弟子入りを申し出るには、師匠と一対一になる場面をつくらなければなりません。そこで、「弟子にしてください」とお願いするのです。

調べると、勝手に〝運命の出会い〟をした日のすぐあとに、上野広小路亭で出番があるのを見つけました。さっそくのチャンス到来。師匠の高座が終わるやいなやサッと外に出て、前もって見つけておいた楽屋口で待機。しばらくすると、師匠が階段を下りてきました。

「よしいくぞ！」

と思った瞬間。脇から着物を着た若い女性が出てきて、師匠と二人でにこやかに歩いていくではないですか……。

「奥さんじゃないみたいだな」

しばらくあとをついていったのですが、いつまでも楽しそうにしゃべっています。話しかけようにも話しかけられない雰囲気が充満……。

散しました。

「今日じゃ、ないな」

のちになって二人がそういう関係でないことはわかったのですが、とにかくその日は退散しました。

さあ、出直しです。

別の日に、新宿末廣亭で出番があることが判明。前回の〝失敗〟を踏まえ、今度は楽屋口から寄席に入るところを狙うことにしました。

さっそく下見に行ったのですが、楽屋口がどこなのかわからない。飲食店が左右にわあっと並んでいるだけで、それらしきものが見当たりません。十二月の新宿三丁目の繁華街をさまようこと二日。ようやく寄席の建物の裏に発見しました。

その翌日です。

楽屋口へ向かう師匠の姿を見つけました！

準備は万端。手元の手提げ袋には、「とらや」の羊羹が入っています。

「弟子入りといえば、桐箱入りのとらやの羊羹」

なんとなくそんなイメージがあって用意したものです。

それはともかく、何も知らない師匠は、いつものようにフラフラした様子で歩きながら楽屋口に近づいてきます。

「いまだ！」

僕は師匠の目の前に立ち、言いました。

「弟子にしてください!!」

「えっ、俺っ？」

突然の弟子入り志願に戸惑い、自分の鼻を指さしながら言う師匠。「ハトが豆鉄砲を食らった顔」を絵に描いたようでした。自分に弟子入り志願者が来るとは思っていなかったようです。

「俺じゃなくてもいいんじゃない。もっといろいろな人を見てきなよ」

気を取り直して諭す師匠。僕は何か月もかけて都内の寄席をくまなく回ってきたことを説明しました。

「そんなに聴いてきたのね。落語はやったことあるの？」

「ないです」

「え、やったことないの？　で、いま、歳はいくつ？」

「三十一です」

「そんな歳なの。やめなよ。独り身なの？」

「結婚してます！」

「えっ？　結婚してるの！」

「仕事を辞めてきました」

「えーっ、辞めちゃったのーっ」

　こんな掛け合い漫才のようなやりとりが続いたあと、立ち話もなんだからと近くの喫茶店に連れていかれました。


「落語家になっても儲からないから、やめときなさい」

　喫茶店で席に着くやいなや、こう言う師匠。落語をやったことのない所帯持ちで無職のオジサンを思いとどまらせようと必死です。

「楽屋にいるのは君より若い人ばかりだよ。そんなところでやってけるの？」

「楽屋」とは、寄席にある噺家の控室のこと。「前座」と呼ばれる噺家の修業をしている人が何人もいて、師匠方に気持ちよく高座に上がっていただくためのお手伝いをさせてい

ただいているところです。そんなことは露知らず、

「やれます！」

と高らかに宣言する僕。これではらちが明かないと思ったのか、

「仕方ない。奥さんを連れてきなさい。話を聞いてあげるから」

弟子入り志願者がきたとき、両親を呼び出すことがあります。もし親が反対している場合、その親すら説得できず、連れてこられないようなヤツがお客さまの気持ちを動かせるわけがない、という意味もあります。すでに実家を出て所帯を持っていた僕に対して、師匠は妻を呼び出すことにしたのです。

日を改め、浅草演芸ホールの夜席の出番のあと。妻と一緒に寄席の前で待ち合わせて近くの喫茶店に行きました。いまはもうなくなってしまった、地下にある喫茶店です。お酒を飲まない師匠はコーヒーをおいしそうに一口飲むと、さっそく妻に言いました。

「やめなさい」

数日前と同じ答えです。

「落語界は決して華やかな世界じゃあないよ。成功する人はほんの一握りだ。結婚したばかりなのに、旦那が無職みたいな者になる。修業期間も四年、五年と長いんだ。みんな、

落語が好きだから続けられているだけで、本当に貧乏だよ」

そう一気に諭してから、セールスの仕事に戻ったほうがいいと勧められました。

「まだ間に合うよ」

ダメ押しをしてくる師匠。妻は腹が据わっているので感情を出さずに話を聞いていました。

「貧乏でも構いません。師匠が出てきたときに、師匠しかいないと思ったんです」

そう繰り返すしかない僕。妻は時折、静かに頭を下げては旦那の弟子入りを後押しする。

そんな問答が一時間くらい続き、話も尽きたのか沈黙が訪れました。そして……、

「それでもいいっていうなら」

師匠が口を開きました。

「旦那さんを弟子にするよ。本当にいいの？」

と妻に尋ねました。

「よろしくお願いします」

テーブルについた妻の指先が、横目に見えました。

「よし、今日から君は僕の弟子だ！」

今度は僕に向かって言ってくれました。

あのときの師匠はハナから「いらねえ。断る」という感じでも、僕ら夫婦に根負けしたという感じでもなかった。弟子にする気が元からあったんじゃないかな。ただ、ゆっくりと時間をかけて話をしながら、落語を知らない夫婦に落語家とその妻になる覚悟を教えてくれていたんですね。師匠の優しさだったんだと思っています。

このあと、三人でなぜか担々麺を食べにいきました。僕は念願の師匠の許しが出て「落語家になれる」うれしさで胸がいっぱい。担々麺の味はまったく覚えていません。うれしさが収まると、夢から覚めたようにものすごい恐怖感が襲ってきました。僕は落語家になりたい一心で、師匠の弟子になるために猪突猛進とばかりに突き進んできましたが、そうです、僕は生まれながらの〝人見知り〟。なのに、見知らぬ落語家という〝人種〟に囲まれて、厳しい修業を積むことになったのです。

「お前の名は宮治だ！」

師匠桂伸治と僕。出会った瞬間、バリバリバリバリッときたのです

落語界には、団体が五つあります。落語協会、落語芸術協会、落語立川流、五代目円楽一門会、上方落語協会です。僕の師匠は落語芸術協会（通称・芸協）に所属していましたので、僕も同じ団体に所属することになります。

晴れて弟子入りを許され、年の瀬も押し迫った二〇〇七年の暮れ、師匠に連れられて芸協の事務局に挨拶に行きました。履歴書を持参し、ご挨拶する。最初は見習いから始まります。師匠の身の回りの世話をして、落語界の行儀を身につける期間ですが、うちの師匠はすぐに楽屋入りさせてくれました。

そして、落語家のふりだしともいえる「前座」として本格的に修業を始める「楽屋入り」の時期を告げられました。年が明けて正月になると、落語界の慣例で前座は先輩方や師匠方からお年玉をもらうことになっています。これが〝チリ積も〟で結構な額になる。しかし、困ったものでお年玉をもらってすぐに辞めちゃう人がいて、そうすると師匠に迷惑がかかります。なので、僕の楽屋入りは二月まで待とう、ということになりました。

楽屋入りを待っている間に前座名をいただきました。落語家として師匠からもらう初めての芸名です。

池袋の東京芸術劇場。師匠が出演する二人会があり、楽屋に挨拶に行きました。中に入ると、おかみさんと一緒にいた師匠から、

「お前の前座名は『宮治』だ」

と言われました。

大師匠（師匠の師匠）の十代目桂文治一門は、前座になる本人の本名から一文字を取って「治」の前に入れるのが通例となっていました。僕の本名は「宮利之」ですから、そのうちの「宮」の字と「治」を合わせて「宮治」。自分の名前ですから、自然に受け入れら

れました。

師匠からこの前座名の由来を聞いて、感動しながら頂戴しました。でも、僕のあとに入ってきた弟弟子たちの名前を見ると、伸べぇ、伸しん、伸ぴん、伸都……。伸治師匠の「伸」の字が入ってるんですよね……。

僕、師匠に聞いたことがあるんです。

「なんで弟弟子たちには芸名に『伸』の字が入ってるんですか？」

って。すると師匠はうれしそうに答えました。

「だって『伸治』の弟子だからだよ！」

……じゃあ、オレは⁉

師匠！

あの桂文治一門の原則はどこに行ってしまったのでしょうか？　僕は師匠伸治の一番弟子なんですよ！

スーパー前座⁉

待望の楽屋入りは二〇〇八年、浅草演芸ホールの二月下席《しもせき》（下旬に行われる興行）でした。

寄席の昼席（昼の部）は朝の十一時三〇分ごろ（寄席により異なります）から一番太鼓を鳴らして開場するので、一番下の前座はその一時間以上前には楽屋にいなければなりません。掃除をしたり、やかんでお湯を沸かしたり、噺家の名前が書いてある「めくり」をそろえたりと大忙し。開演すれば、師匠方にお茶を出したり、着物を畳んだり、着付けをしたり、高座ごとに座布団をひっくり返す「高座返し」をしたり、昼席が終わるまで延々と働きます。

こうして落語家としての基礎を学ぶのです。ただ、太鼓ひとつとっても、一番太鼓、二番太鼓、仲入り太鼓、追い出し太鼓、出囃子といろいろある。一番太鼓はお客さまがたくさん来るようにと、「ドーン、ドーン、ドーンと来い」、二番太鼓は「お多福、来い、来い」のリズムで叩くのですが、慣れるまではそう聞こえない。うまい先輩の叩き方を耳で覚え

前座時代。念願かなって楽屋入り。やっと“居場所”を見つけました

て、終演後に居残って練習したり、家に帰って座布団を叩いて練習したりしました。噺家は何事も耳で覚えるのが基本なんですね。

ほかにも覚えることはたくさんあります。肌襦袢や長襦袢を肩にかけるタイミングは師匠ごとに違う。着物の畳み方と風呂敷への入れ方が一門によっても師匠によっても違って、合わせると何百通りにもなる。それを全部頭の中に入れておかなければならない。お茶の出し方も師匠によって異なり、温かいお茶なのか、濃いお茶なのか、白《さ》湯《ゆ》なのか、とあります。さらにそれが楽屋に入るとき、高座前、高座後でそれぞれ違う。

気が遠くなるような作業です。

僕は結婚していたので戸越銀座の自宅から通っていましたが、師匠の家に住み込みで楽屋に通う弟子もいます。僕も基本的な知識は師匠のご自宅で教わりました。


楽屋入りしたとき、僕は「妻の人生を背負ってるし、師匠にはあんなに断られたのに頭を下げて入れていただいた。僕が辞めたら妻に失礼だし、師匠の顔に泥を塗ることになる。この商売、絶対に辞められない」と心に決めました。「うちの師匠が喜んでくれなかったら、弟子に取ってもらった意味がない。そのために、師匠が『あのお弟子さんを取ってよかったね』と、ほかの師匠方からそう言ってもらえるように頑張ろう」と。

だから、楽屋ではできる限り気を使い、手を抜かずにやるように心がけました。もともと、人に嫌われたくない、極度に人の顔色をうかがって気を使うタイプですから。そんな面倒な性格がここでは役に立ちました！

楽屋の隅に正座で控えていて、ある師匠が「んんっ」と言ったら白湯を出す。さっと立ち上がって白湯を持っていきます。ある師匠は立ち上がった瞬間に着付けにつかないといけない。そういった作業と同時並行で、表の高座の様子を聞く「捨て耳」をしていて、高座が切れそう（終わりそう）になったらスッと高座のドアを開けねばなりません。

逆に、先回りのしすぎもよくなかったりします。師匠方が「かゆいな」と思った瞬間にかくようにしないと、いかにも「やってやった感」が鼻についてしまうことになる。みなさんも会社やご家庭でそんなふうに感じることありません？

楽屋でなんでもできて、開口一番で笑いも取れる前座のことを「スーパー前座」なんて言う方もいますが、どれか一つの特技を持っていればいいのではなく、すべてを完璧にこなさなければならない。噺家って適当にパアパアしているように見えるけど、実は全員が前座修業をしてきているから、そういった行儀が体に染み込んでいるんです。

棺桶に入るまで一緒

ご存じの方も多いと思いますが、落語界には「しくじり」という言葉があります。「失敗をする」という意味です。『しくじり先生』というテレビ番組もありますよね。

例えば、太鼓の叩き方を間違える、お茶をこぼしてしまう、ネタ帳を書き間違える、などなど。師匠方に気持ちよく高座に上がっていただくのが前座の仕事ですから、しくじったら謝らなければなりません。ただ、師匠方に勝手に謝りにいってはいけないことになっていて、「立て前座」と呼ばれる香盤（落語界の序列）が一番上の前座と一緒に行きます。しくじったときはどんな理由があっても言い訳をしないことが大事。「自分が正しい」とか、「あの先輩はこう言っていた」とかつべこべ言わずに従う。いずれ本当のことがわかり、「言い訳しなかった。大したヤツだ」という話が楽屋内で広まります。

僕の前座時代にこんなことがありました。ある立て前座がトリ（その日の最後の出演者）の師匠が高座に上がったらやかんの火を消すようにと教えてくれました。ところが翌日、言われた通りにすると、その日の別の立て前座から「縁起が悪いから全部はねるまで消さないもんだぞ」と叱られる。ここで「昨日、言われた通りにしただけです」などと言い返してはいけない。どちらかが正しくて、どちらかが間違っているわけではない。どちらも正しいんです。だから、どの立て前座は何を正しいと思っているかを覚えて、その通りにすることが正解なんです。

楽屋では、年下であっても香盤が最も上の前座がすべてを把握し、すべての責任を負っています。彼らが口を閉ざしたら自分は何もできない。優秀なビジネスマンだった人でも一歩、楽屋に入れば右も左もわからない。厳しい先輩もたくさんいましたが、僕を鍛えようと思えばこそです。先輩方には「ありがとうございます」と心の底からお礼を述べていました。

みんな同じ目標に向かって頑張っている仲間。一緒に謝ったり、怒られたりして前座同士の絆を深めていくんです。

師匠からもよく言われました。

「前座仲間は一生の仲間だから大切にするように」

これも師匠からいただいた大事な教えです。

印象に残っているしくじりは、敬老会の公演に行った帰りに師匠と入った小さなそば屋でチャーシュー麺を頼んだことです（笑）。天ぷらそばを頼んだ師匠に、

「なんでそば屋でラーメンを頼むんだ！」って怒られました。

僕は「なんでチャーシュー麺で怒られるんだ？」と思いながらも、即座に「すみませ

ん！」と謝りました。

でも、一年後、師匠が別の師匠の弟子をその店に連れていったときに、

「そば屋の出汁のチャーシュー麺っておいしいんですよ」

と言われたらしく、後日、

「宮治、ごめんな」

と謝ってくれました。

優しい師匠でしょう？

僕は「いやいや、師匠」とは言わずに「でしょ！　おいしいんですよ、あれ！」ってね。

それはともかく、師匠は絶対です。しくじって機嫌を損ね、「破門」の一言が発せられた瞬間に噺家ではなくなります。「桂宮治」から「宮利之」に戻ってしまうんです。だから、師匠に少しでもいい気持ちでいていただけるように努める。自分が好きで選んだ師匠一人でさえいい気持ちにさせられなかったら、何十人、何百人というお客さまを楽しい気持ちにさせることなんてできないですからね。

「棺桶に入るまで俺たちは一緒なんだ」

これも師匠が弟子によく言う言葉です。

前座になって三年がたち、なんとか務まるようになったころ、僕は人生で初めて自分の家のほかに〝居場所〟を見つけたような気がしました。小学校にはほとんど行かず、中学、高校まで学校は居心地がいいとは言えない場所だった。飲食店のホール係、警備員、俳優、ワゴンＤＪと、いろいろな仕事をしてきましたが、「死ぬまで続けたい」と思えるものには出合えませんでした。

人見知りで人嫌いの僕を認めてくれる初めての場所が見つかった。

つらい日々をともに助け合える仲間ができた。

それが死ぬほどうれしかった。毎日叱られるのに、毎日ワクワクしながら寄席に通っていた。いつか死ぬときに振り返っても、「落語家人生で前座時代が一番楽しかった」と言えるような気がします。

ワゴンＤＪをしていたときとは打って変わって、家で弱音を吐いたり、グチを言ったりはしないようにしていたので、妻もそんな僕の変化に気づき、毎日、楽しそうに仕事しているのを見守ってくれていました。

テープが師匠⁉　待望の初高座

初高座の演目は「子ほめ」。うちの一門の決まりです。長屋の住人、八五郎（八っつぁん）が「お世辞を言えばご馳走してもらえる」とご隠居から入れ知恵され、町で出会う人々と繰り広げる滑稽話です。

前座に限らず落語家は高座でネタ下ろしをする前に、師匠に稽古をつけてもらって許可を得なければなりません。稽古は師匠と向かい合って座り、口伝してもらうのが原則。最近はそうでもないですが、基本はメモや録音をしてはいけません。師匠の噺をひたすら耳で聴いて覚える。よく「三遍稽古」なんて言いますが、師匠に三回話してもらって覚えます。

僕も稽古をつけてもらうため、師匠のご自宅へ伺いました。二人とも着物姿。正座して向き合い、しばしの沈黙。緊張の瞬間です。ようやく師匠が口を開きました。

「こんちは！」

「どうした。八つぁんじゃあないか。さぁお上がり」

噺はここから始まります。ところが……。

「あ、違う」

「あれ、違った」

始まるやいなや噛んだり、つっかえたりしてしまう師匠……。

「あれ？　こうじゃなかったな」

「ダメだ。思い出せない」

師匠はそう言うと、どこからか大師匠の「子ほめ」が収録されたカセットテープを取り出してきて言いました。

「これで覚えてきてくれる？」

「……」

無言でテープを受け取る僕……。

というわけで、僕の記念すべき人生初稽古はカセットテープでした！

さっそく、師匠から渡されたテープを持ち帰り、「子ほめ」を覚えます。芝居の経験はありましたが、十分以上の長さのセリフを覚えるのは初めて。いろいろ考えて、ノートに書きながら覚えることにしました。Ｂ５のノートが持ち歩きやすくて便利なので、いまでもそうやって覚えています。高座まで時間がないときは耳だけで覚えて師匠に見てもらうこともありますが、僕の場合はノートに書いたほうが断然記憶に残りますね。じっくり時間をかけて噺を体に染み込ませたほうがデキもいい気がします。

そしてノートを片手に、よく戸越銀座のカラオケボックスに行きます。カラオケボックスは最高。長居できるし、フリードリンクまでついてきますから！　音漏れはゼロではないので、隣の部屋から楽器の練習をする音や歌謡曲が流れてきたりしますが、不思議と集中できて覚えるのにうってつけ。

「子ほめ」を覚えたときはテープの音声だけでしたが、寄席で見た高座の映像が目に焼きついていたのでイメージはできていました。お見せできるかなと思えるくらいになったので、師匠にお願いし、対座して聞いていただいたところ、「よくここまでできた」と褒めていただけました。テープだけでよくここまで……という但し書きがあったのかもしれませんね（笑）。

ただ、初高座をいつやらせてもらえるかわかりません。立て前座から出番を言われるのを待つしかない。

二〇〇八年三月二十一日、浅草演芸ホールでした。

「初高座に上がってこいよ」

立て前座に言われました。

「待ってました！」

心の中で叫びました。

約一か月間、楽屋働きをしていたので、高座から観客席を見ることには慣れていたつもりでした。「高座返し」のときに客席を見るようにしていたからです。役者としての舞台経験も多少はあったし、十分程度の話だからセリフを忘れることもないだろう、くらいに高をくくっていました。

前座が使う出囃子「前座の上がり」が響くなか、

「勉強させていただきます！」

と気合を入れて袖を出ました。

高座まで歩いていって、座布団に座ってお辞儀をする。口を開こうとして顔を上げた瞬間にものすごい恐怖感が襲ってきました。

「俺、この話が終わるまでここを動けないんだ」

見慣れたはずの高座からの眺めがまったく違って見えました。

お客さま全員が僕を見ています。ここにいるみなさんを笑わせなければいけない。つまらない思いをさせたら最悪だ。セリフを忘れたらどうしよう……。いつもの不安症が顔を出しそうになりました。

とにかく、始めなければ……。

「こんちは！」

「どうした。八つぁんじゃあないか。さぁお上がり」

あっという間の十分。

ウケたのかウケなかったのか。あまり記憶が定かではありません。

「すごいよ、宮治」

楽屋に戻ると、先輩が褒めてくれました。

「すごい面白かった！　宮治のためにあるような話だね！（笑）」

ほかの先輩からも褒めていただけたので、それだけで満足でした。

初高座では、お客さまがその場から立ち去ることなく、そこにいることに感動しました。全員が席に座って、自分のほうを見てくれて、何を言うかを待ってくれている。

「当たり前じゃん」と思われるかもしれませんが、ワゴンDJ時代と比べたら「天国」です。ワゴンDJをしていたときは、まず目の前を通りすぎようとする人の足を止めることから始まりますから、ここは百八十度逆の世界。まだ名前も知られていないし、芸も身につけていない。そんな人間が初めて高座でしゃべるというのに、何を言うのかと待っている人しかいないんです。まさに奇跡！

何よりうれしかったのは、ワゴンDJのときは「売り上げ」のことだけを考えてしゃべっていたのに、高座では「楽しんでください」という気持ちだけでお客さまに向き合えたことでした。

誰か止めて！　敏腕プロデューサーの〝暴走〟

前座のころにいただいたご縁があります。

まず、サンケイリビング新聞社主催のホール落語の独演会。それから、落語界では自分の勉強のために開く公演のことを「勉強会」と呼ぶことがあるのですが、西荻窪の勉強会「宮治展」です。この大小二つの公演が並行してあったからこそ、いまがあると大変感謝しています。ここでいろんなことに挑戦できました。しかも、落語会を開くのにつきものの会場予約やチラシ制作といった作業も全部やっていただきました。おかげで、とても恵まれた環境で落語に集中できたのです。

サンケイリビングさんには二ツ目になる直前くらいに、勉強会を主催していただきました。ある日、いまは産経新聞社主催の落語会のプロデューサーをされている佐藤謙次さんから突然電話があり、「うちで落語をやってみませんか?」と誘われました。

ただ、当時の僕はまだ二ツ目になる前。さすがに尻込みしましたが、佐藤さんは僕の落語を見て「爆笑系でとにかく面白かった」とグイグイくる。そこまで言っていただけるならと、師匠に許可をお願いしました。でも、

「お前、まだ前座だろう」

と。

「はい。でも、やってくれるって言うんです」

と答えると、

「そりゃあ……」

と言って少しの間考えてから、

「やったほうがいいよ！」

と許してくれました。

ご提案をお受けすることを伝えると、佐藤さんは「公演の準備は全部私たちがしますので、あなたは落語を頑張ってください」と力強く言ってくださいました。

二ツ目昇進後、サンケイリビングさんには、お江戸日本橋亭や内幸町ホールといった百から二百人規模の会場で何回か独演会を開いていただき、回を重ねるごとにお客さまも増え、僕も手ごたえを感じつつありました。すると、ある日、佐藤さんが、「国立に行きましょう」と言ってきました。

「国立……？」

あまりに突然の提案に思考停止。落語界で国立といえば国立演芸場しかありません。上野、新宿、浅草、池袋、半蔵門（これが国立です！）という東京に五つある定席の一つで、キャパは三百人。僕なんかまだ二百人規模の会場すら満席になっていないのに……。

しかも、「年四回やってください」ときた！

さらに、毎回「ネタ下ろし」ありで！　ネタ下ろしとは、それまで高座でやったことがない新しい噺をお客さまの前で披露する、という意味です。

「この人、頭がおかしいのかな」

と思いました。

僕は当時、前座から二ツ目になったばかり。もう無理、ホント無理！　普通に考えたら、三百もの席が埋まるわけがない。

でも、国立演芸場での独演会は若手の落語家にとって夢の一つです。

「いまの勢いならいけますよ。頑張りましょう」

とそそのかす佐藤さん。なんでも妻に相談する僕はさっそく妻に電話。

「乗ったほうがいいよ」

と言うので僕も腹をくくってお受けすることにしたのです。

ただ、佐藤さんの〝暴走〟は止まらなかった。その初回のチケットが発売される前だというのに、「来年もやりましょう！」と……。

わ・け・が・わ・か・ら・な・い！

僕は、予定が入っていない限り、依頼されたお仕事は断らない主義なのですが、このときばかりは「ちょっと待ってください」と持ち帰らせていただきました。家に帰り、妻に話すと、いつもは「なんでもやろう」と言っていた妻も、「それはさすがに……」と絶句。だって、四年前まで落語を知らなかった、駆け出しの落語家が、国立演芸場で二年間に延べ八回の独演会をすることを確定させるなんてありえない！　しかも、その時点ではまだ最初のチケットの売れ行きもわからなかったんですよ。

「一回、様子を見させていただけませんか？」

と婉曲にお断りさせていただきました。

予定が空いているのにお仕事を断ったのは、落語家人生で初めてのことでした。

そして、初回のチケットが発売。極度の不安症が頭をもたげ、スカスカの国立演芸場でしゃべることになるのではないかとビクビクしていましたが、チケットが売り出されてすぐにそれは杞憂だったことがわかりました。なんと、チケットは「ソッカン」！　ソッカンとは「即完売」のこと！　寄席自体に常連客がいることもあったと思いますが、僕を国立に連れていきたいというお客さまの気持ちを勝手にひしひしと感じました。ビビっていた僕の返事はどこかへ吹き飛んでいき、次の年もやることにしました。

「こんなとこでホントにできるの？　お客さまは来てくれるの？」

と怯えながら国立演芸場での公演当日を迎えましたが、緊張の高座を終えてみると、

「初めて師匠を見た国立で一人でやったんだ」

という実感が湧いてきました。これまで感じたことがない興奮。すべての感情が溢れ出た、とでも言えばいいのでしょうか。

僕からすると佐藤さんの暴走にヒーヒー言いながらついていったイメージですが、あとになって、佐藤さんから「宮治さん、主催者の転がし方がうまいんじゃないですか。こちらが乗せたつもりでいましたけど、あとから考えると、こちらが乗せられていた気がしますよ」と言われました。もう、何がなんだかさっぱりわかりません！

上・国立演芸場シリーズの初めてのチラシ。二ツ目の駆け出しなのに1年で4公演！　顔が引きつっている？(笑)
左・この“暴挙”をプロデュースした、サンケイリビング新聞社時代からお世話になっている佐藤謙次さん

「宮治展」は僕の〝原点〟

そして、僕にとってもう一つの大切なご縁が「宮治展」。世田谷区の土井隆二さんという方が発起人になって、二〇一一年七月から隔月で開催していただいています。

たしか、師匠か先輩かのお手伝いに行ったときに、その打ち上げで土井さんと知り合いました。そこで、「勉強会を始めないか」とお声がけいただいたのです。場所は、ＪＲ中央線の西荻窪駅北口、商店街のど真ん中にある八百屋さんの二階にあるキャパ三十人くらいのカフェで、手作りの高座に乗って話します。

僕が初めて勉強会をやったのは宮治展です。まさに僕の〝原点〟。

最初のうちはうまくできるか不安でした。一人で三つくらいの噺をお客さまの前でするのは初めて。うまくできたかはわかりませんが、一通り終えたあと、安堵の気持ちというか、解放感が胸に広がったのを覚えています。

ここでいくつものネタ下ろしをしました。お客さまは落語が生まれ、育つ過程を見ることができます。僕にとっては、お客さまの反応をダイレクトに感じ、噺を磨いていく貴重

「宮治展」はこんなふうに高座をこしらえて開催しています。いまの桂宮治がつくられた大切な場所

な場です。落語好きの常連さんが多く、僕より落語を知っている方もいて、「あそこのあれはちょっと違うんだよなー」とか、打ち上げでダメ出しされたりして……。「ありがたいな」って。

　ちなみに、宮治展のネーミングは土井さんが「とりあえず、十回やってみよう」と言って始めたことから、英語で「十」を意味する「ｔｅｎ（テン）」から来ているんですよ。「笑点メンバーになっても続ける」と冗談を言ったことがあるんですが、本当にいまでも続けています。

　前座時代は「僕のことを応援し続

けてくれる人なんていないだろうな」と思っていましたが、佐藤さんや土井さんのほかにも前座のころからお付き合いを続けていただいている方がいっぱいいて、「一生懸命やっていればなんとかなるんだなあ」と感じ入ってしまう今日このごろです。

『笑点』で痛恨のしくじり！

前座時代の最後のエピソードはしくじり話。しかも、『笑点』での、です。たぶん、僕は長い間、笑点のスタッフさんに「なんだこいつ」ってにらまれていたと思うんです。

浅草で立て前座をやっていたときのことです。笑点系のスタッフさんたちが撮影に来て、ナイツ兄さんが楽屋で前座にインタビューをするという番組企画がありました。その日は楽屋に前座が少なくて、メチャクチャ忙しかった。インタビューなんて受けてるヒマはない。でも人がいないから仕方がない、お鉢が回ってきて、嫌がる僕にカメラが向けられました。

「宮治さん、宮治さん」

「いや、忙しいんで。僕、立て前座なんで」

「いや、どうしても一言」

「噺家なんか、ならないほうがいいですよ」

わざとふざけた、使えないようなコメントをしました。嫌なヤツですよね。しかも相手はナイツ兄さん。何さまのつもりだと!?

でも、そのときの心情を言うと、

「オレ、テレビに出たいから噺家になったんじゃねえし」

いまから思うと、ホント恥ずかしいです。前座のくせに、しかもテレビなんか出たこともなかったくせに、なんか変にとんがっていたころだったんですね。みなさんにもそういう時期ってありませんでしたか？　……あってほしいです！


それから数年後。

『BS笑点特大号』に呼んでいただけるようになり、現場で会った当時のスタッフの方がニコニコしながら一言。

「宮治さーん、あのときのV（ビデオのこと）、まだ残ってますよ～」

あ―――――――っ！

ハッとしました！　思い出しちゃいましたっ！

「いや、あのときはどうもすみません！　本当に申し訳ありません！」

恥ずかしさと申し訳なさで顔が真っ赤になりました。

「いつでも出せますよ～」

「あぁ、本当にすみませんでした。あのときは私まだ若造でして……」

〝若気の至り〟の映像が全国に流されるかと思うと、恐ろしくて、恥ずかしくて、ワキ汗が……。

でも、地上波の笑点メンバーにしていただけたということは、もう許してくれてるってことですよね？

まだあります。

『BS笑点特大号』の「若手大喜利」に出演させていただいてから何年もたっているというのに、お台場のほうにある他局の大喜利番組にレギュラーとして出演してしまったのです。しかも、笑点側にはなんの断りも入れず……。

そのときは前座修業が終わったばかりの二ツ目。業界のルールも知らず、マネージャーもつけておらず、テレビ局の仕事はなんでも受けていいと思っていたのです。

ところが、ある師匠のマネージャーさんから「宮治君、あれはちょっと一言言わないと」と指摘され、「えー――っ」と焦りました。「他局の同じような番組になんの許可も取らずにやるとは何事だ」ということだったのです。

例によってしばらくグジグジしてから、どう解決するかを必死に考えました。結局、若手大喜利の打ち上げの場所にスーツを着て向かい、謝りました。

こんなことで終わりにはしたくなかったんです。もし〝逆ギレ〟して「あそこはもういいや」となっていたら、笑点メンバーになっていなかったでしょう。

その後、一年くらいたってから、また番組に呼んでいただけるようになりました。そこから、若手のみんなにはいじられましたね。「あ、お台場がきた」と（笑）。あのときは本当にすみませんでした。知らなかったんです。どの世界でも、基本的なルールを知っておくことの大切さを痛感しました。

珍しかった「二ツ目昇進披露公演」

二ツ目には、二〇一二年三月下席で昇進させていただきました。

楽屋入りしてから四年。前座修業を終え、幸いにもメディア主催の独演会に出させていただけるようになりました。うちの協会は三～五年たてば、たいていは二ツ目になれるとはいえ、アルバイトもせず、落語稼業だけでなんとか食いつないでいけるなんて、本当にありがたいこと。でもまだ、「落語家として一生食べていける」という手ごたえはありませんでした。

二ツ目になると、紋付きの着物と羽織を着ることを許され、自分専用の「出囃子」を持つことができます。

桂は上方も江戸も歴史を手繰っていくと、上方の初代桂文治に行き当たります。その紋が「結び柏」。だから、僕もこの結び柏を使っています。

前座の出囃子は「前座の上がり」だけ。前座全員がこの曲で高座に上がります。

僕が所属する落語芸術協会は、お囃子のお姉さんたちと話しながら「こういう曲があいている」と師匠に相談したりして、自分で決められます。僕の場合はうちの師匠が前に使っていた「阿波踊り」にしました。師匠に「阿波踊り使っていいですか？」と聞いたら、「うん、いいよ」とあっさり。徳島とは縁もゆかりもなかったのですが、曲調が僕の芸風に合っていると思っています。

二ツ目に昇進するとき、自分で披露公演を企画しました。場所は内幸町ホール。当時、二ツ目昇進で披露目をすることは少なかったのですが、前座のころからお付き合いのあるお客さまに来ていただければ成功すると思ったのです。師匠をお呼びして、披露目の口上もやっていただきました。

演目は「宿屋の仇討」です。とある宿屋に泊まった武士がおしゃべり好きの江戸っ子三人連れの隣の部屋に通されて……という旅噺。師匠に教わっていたのですが、「これしかない」と。そもそも大ネタ自体、そんなに持っていなかったので選択肢はなかったんですけどね。

このとき初めてチケットを自分でつくりました。それまではサンケイの佐藤さんや「宮治展」の土井さんに任せっぱなしだったので、どうやったらいいのかさっぱりわからない。このときは手売りしたのですが、キャパ百八十の会場なのに、気がつくと二百五十枚以上も売っていた。これは絶対にやってはいけないこと。結果、当日は会場に入れないお客さまが出てしまい、怒って帰られる方もいらっしゃいました。その節は本当に申し訳ございませんでした。

ただ、ぽっと出の前座が二ツ目になったというだけであれだけの人が集まってくれたのはありがたかったです。

「いままでやってきたことは間違いじゃなかったのかもしれない」

そんな予感がしました。

「新しい景色」が見たい！

でも、落語家として生きていけるかどうかとなると話は別です。

披露目の会なんてそのときしかないし、師匠筋のお客さまもいました。昔のバイト仲間や同級生の顔もチラホラ。「宮利之」のつながりで来ている。それはそれで本当にありがたいのですが、「落語家、桂宮治の噺を聴きたい」という純粋な気持ちでお金を出してくれたわけではない。出会ってきた人、出会った人に「僕、今度落語会をやるので来てください」とお願いしてチケットを売ってました。

「僕に落語家としての実力があるから来てくれてるんじゃない。僕が頭を下げているから、僕の知り合いだから来てくれているだけだ」と。

「ここから飛び出さなきゃ」

僕の知らない人が、純粋に僕の落語を楽しみたいと思って落語会に来るようにならなければいけない。映画館やコンサートに行くような感覚で。そのためにはまず、初めて来てくれたお客さまにリピーターになってもらわなければならない。そう思って、僕はダイレクトメールを出すようになりました。

高座からは客席の様子がよく見えるんです。お客さま一人ひとりの表情まで見えます。ダイレクトメールを出し始めてしばらくすると、お客さまが増えていくのがわかり、手応えが感じられました。ただ、ダイレクトメールの数が八百を超えたあたり、「このままじゃ頭打ちだ。そろそろ次のステージへ進まないと……」とひそかに思い始めたころ、サンケイの佐藤さんが、「そろそろですね、宮治さん」と。

「一時的にお客さまの数が減ってもいいので、ダイレクトメール、やめましょうか」

佐藤さんも同じ思いだったのです。

一人ひとりに頭を下げ、ダイレクトメールを出して、一枚ずつチケットを買っていただくのではなく、チケットをプレイガイドで売り出して客席が埋まっていくという状況にもっていくべきだと。そうすれば、純粋に落語にかける時間が増えるし、高座でのお客さまとの心理的な距離も変わってくる。「宮利之」でも「桂宮治」でもなく「落語」だけで勝負してみたい。自分と落語の関係をいろんな意味で変えられるのではないか、そう思ったのです。

それまでは、僕はお客さまのことを知っていた。だから、ある一回の高座がつまらなくても、打ち上げとかで「今回はすみませんでした。次回はもっとうまくやりますからまた来てください」と言えました。

でも、お客さまは僕を知っているけど、僕はお客さまを知らないという状況ではそうはいかない。高座が面白くなかったら、そのお客さまは二度と来ない。そうなると、一つひとつの高座が勝負になる。お客さまと馴れ合わず、高座の上だけで、噺家として吐き出した〝落語の力〟だけでお客さまと向き合える。それ以外の余計なものはすべて排除して臨めば、「新しい景色」が見えてくるんじゃないか。そんな確信めいたものがあったのです。

結局、ダイレクトメールをやめても、ありがたいことにチケットの売れ行きは落ちませんでした。狙い通り、高座から見える顔と名前が一致しないお客さまの数が少しずつ増えていき、「顔も名前も知らないお客さんが増えたなぁ」というところにたどり着きました。こう書くと、僕の落語家人生はトントン拍子と思われそうですが、意外と一つひとつに勇気を出してやっているんですよ（笑）。

「落語だけやって食べていきたい」

そう願って僕は、直面するステージごとに、いちいちビビりながらも自分なりに捨て身の勝負をして、壁を乗り越えてきたつもりです。

そして、二ツ目に昇進した二〇一二年の秋。

僕はまた「新しい景色」を見ることができました。

第四章
新しい景色

ＮＨＫ新人演芸大賞

二ツ目に昇進した二〇一二年の秋、僕は若手落語家の登竜門、ＮＨＫ新人演芸大賞の落語部門で大賞を受賞してしまったのです！　不遜にも、一年目で本戦進出を狙っていたのですが、まさか大賞までいただけるとは思ってもみませんでした。

いまはＮＨＫ新人落語大賞と呼ばれているこの賞は、一九七二年に始まった「ＮＨＫ新人落語コンクール」が起源の一大イベント。年に一度、二ツ目の落語家が東西で予選から戦い、若手落語家ナンバーワンの座を競います。僕は本戦まで行けただけで大満足。

「今年は本戦の雰囲気に慣れたらいいな」

と渋谷にあるＮＨＫのみんなの広場ふれあいホールに向かいました。

演目は「元犬」にしました。「人間になりたい」と神社で願掛けした野良犬が念願叶って人間になったのはいいけれど……という滑稽噺です。

若手向けの賞だから前座でしゃべり慣れたネタがいいのではないかと思って選びまし

た。制限時間は十一分。マクラ（本編の前の小噺など）もそこそこに噺に入りました。

楽しんでやろうと決めていたので、審査員の先生方やカメラの向こうにいる視聴者のみなさんより、目の前にいるお客さまに笑っていただくように心がけました。ほかの出演者は先輩ばかり。手応えらしい手応えもなく、ダメだろうなと思っていたので、大賞には本人が一番驚きました。

「うわっ、すごいな」

まったく心の準備ができていなかったので現実感がなく、まるで他人事のよう。

同時に、すぐに我に返ってこう思いました。

「やばい」

二ツ目一年目でこんな大きな賞を取ってしまったら、このあとどうなるんだろう……？

喜びも束の間、またいつもの不安が襲ってきます。

賞をいただいてインタビューを終え、再び楽屋に戻るとまた独りぼっち。着物を脱いで、洋服に着替えて外へ出ると、日はとっくに暮れていました。当時、ＮＨＫのラジオ番組に出演するため毎週来ていたので、賑やかな昼には慣れていましたが、夜のＮＨＫ周辺は結構寂しい。

渋谷駅に向かって歩きながら、たまらず携帯で妻に電話をかけました。結果を報告したかったし、とにかく声を聞きたくなったから。

妻は子どもができるまで舞台女優をしながら銀座のクラブでホステスをしていました。僕は前座修業の身でしたので、彼女は長女を産むと、すぐに夜の街に戻らなければならなかった。夜のお仕事ですから日中は睡眠をとる必要がある。でも、僕が修業で家を空けているから、彼女がミルクをあげたり、おむつを替えたり、昼間も起きていて子どもの面倒をみなければいけない。

そんな無理は長くは続かず、ついに体調を崩してしまった。彼女が貯めてきた貯金を取り崩した時期もありました。

「体を壊したら元も子もない。お金がなくてもいいじゃない」

二人で話し合って妻には仕事を辞めてもらいました。自分の幼少期を思い出し、できるだけ子どものそばにいてほしいという思いもありました。

「どうにかしなきゃ。子どももいるんだ」

そう言って自分で自分の尻を叩く日々が続いていたので、この日の受賞は本当にうれしかった。

「今日、どうだったの？」

「ダメだった。決まっててんじゃん……」

残念そうに言ってみました。

「そうなんだ」

妻はいつも冷静です。

「晩ご飯を用意してるから早く帰ってき――」

「ウソ。優勝した！」

優しく慰めてくれる妻の言葉を遮るように言いました。

「よかったね……」

その声色から電話口の向こうで妻が泣いているのがわかりました。授賞式では出なかった涙が、僕の目からも溢れてきました。裏通りに入り、人けのない道を歩きます。僕は携帯電話を耳に、泣きながら妻と話し続けました。

結婚と同時に会社を辞めて以来、いや、その前から妻には迷惑をかけっぱなしでした。

ようやく、落語家としての僕を世間が認めてくれたという証しを示せる、恩返しができる。家に向かう足取りが、自然と軽くなりました。

「この人じゃないとダメだ」

僕の妻は、明日香といいます。

出会いは僕が二十五歳のころ。僕は俳優養成所を出たあとも役者を続けていて、明日香も役者をしていたのですが、たまたま僕が出演した小劇場の芝居に彼女も出ていました。

第一印象は「かわいいなぁ」。年は僕の二個上で、立ち居振る舞いや言動も落ち着いていて好感をもてた。でも当時は二人とも恋人がいたので、お互いに「ただの共演者」でした。一か月稽古して一週間同じ舞台に立つと、それから数か月は会わない。そんな関係が続き、また別の公演で共演することに。

ある日、ほかの出演者たちと打ち上げ終わりで歩いているとゲーセンがあり、UFOキャッチャーで遊んでいるうちに明日香と二人きりに。で、そのままなんとなく流れで友達以上の関係になり、いつの間にか付き合っていました。告白をした記憶は……ないですね。「運命の人」と出会った割にはあっけないっ。

明日香は当時、銀座で働いていたので、仕事が終わってから夜中にデートを重ねました。

そのころ、母が戸越銀座でやっていた定食屋の経営が悪化して借金がかさみ、家賃の安いところに引っ越すことに。間取りが狭くなるから僕は一緒に住めない。でも僕は、収入はあってもそれ以上に遊んでいたので、すごい借金があって身動きがとれない。消費者金融を三、四社使ってお金を回し、利子しか返していないような状態でした。そもそも一人暮らしなんてしたこともなかった。

「どうやったら、引っ越しってできるの？」

と明日香に相談しました。するとなんと、

「一緒に暮らさない？　私も実家を出ようと思っていたんだ」

と。これって僕が居候をお願いしたようなものですよね。

ただ、僕の借金のことは知らない。明日香は僕と違って……というか普通なんでしょうけれど、貯金ができる人だったので、僕のフトコロ事情を聞いて呆れていました。当時の僕はワゴンＤＪのトップセールスマンでしたし、明日香に欲しいものがあれば買ってあげ

ていたし、高級店で食事もしていたので、借金があるとは思っていなかったようです。なのに、

「まあいいや」

ありがたいことに、明日香はあっさりとそう言って僕と同棲を始めてくれました。僕が女性だったらこんな男、願い下げですけどね！

同棲するアパートは戸越銀座で探しました。本当に恥ずかしいのですが、敷金・礼金をはじめ、冷蔵庫やテレビなどの家電、ベッドやタンスなどの家具のお金も全部、明日香が出してくれました。

あまりに申し訳ないので、僕の銀行口座の通帳とカード、消費者金融のカード、それぞれの暗証番号、印鑑を預けました。結婚はしていないのですが、そのほうが絶対にいいと思ったんです。

「この人じゃないとダメだ」

僕はそう直感しました。

母親じゃない。恋人なのに無償の愛を注いでくれる。なんでここまでしてくれるんだろ

う？と思いました。生まれて初めて、

「結婚」

の二文字が頭に浮かびました。

俳優時代はワゴンＤＪなどをやって収入はあったのですが、借金は増えるばかりで結婚なんて想像もしていなかった。所帯を持つ、子どもをつくるなんて考えたこともなかったのに、明日香と付き合い始めてからそういったものが一つずつ増えていきました。

と言いつつ、プロポーズはちゃんとしていないんじゃないですかね……。とりあえず結婚しようという話になって、結婚式の日程や会場の話を始めました。このころにはいつの間にか、明日香が僕の借金を返し終えていました。

妻は神様がくれたプレゼント

実は妻に出会ってからというもの、僕がやろうとしていることや考えを否定されたことは一度もありません。規制することもない。僕の最大の理解者であり、一番の味方です。

いまでも、僕が後輩と飲みにいってどんなにお金を使って帰ってきても、何も言わない。

普通、「どこで何に使ったの？」とか聞きそうなものじゃないですか。あまりにも何も言わないので、逆に心配になって僕のほうから白状しても、

「体調にだけは気をつけなさい」

というくらい。

「今月はこれ以上お金を使わないで」「それは買っちゃダメ」ということもない。逆に、「人前に出る商売なんだから」と勧めるほどです。

妻がいないと僕は終わります。僕が人として足りない部分を、妻がちゃんと補ってくれている。人のことを信用しない僕が心を許せる。人嫌いの僕が本気で心の底から愛せる。世の中で一番、一緒にいたい人、いやすい人です。だから、いつだってすぐ家に帰りたくなっちゃう。

そんな妻に出会えたから、僕は少しずつ成長できたのでしょう。根本は変わってないのかもしれないけど、何かに頑張ったり、努力をするようになった。それまでは器用貧乏で、大した苦労もしないでそこそこうまくできちゃうから、適当なところで努力することをやめちゃう人間でした。

そして、僕が会社を辞めようとしたときに妻が言ってくれた「私が面倒みるから」とい

う一言が効いた。僕の「やる気スイッチ」を押してくれた。そのとき初めて「人に迷惑かけている場合じゃない」とか、「なんとかしなきゃいけない」という気持ちが芽生えた。常に誰かから何かやってもらってばかりいる自分に気づいたのです。だから、変われた。

「この人のために落語家になろう」

と誓い、生まれて初めて本気になった。落語家としてのどんなつらい修業でも乗り越える覚悟ができた。『笑点』のメンバーになれたのも、座布団を十枚取れるまでになったのも、すべて妻のおかげです！（笑）

神様がくれたプレゼントですね。

妻は「もっと頑張れ」とか「稼いでこい」とか、僕を追い込むようなことは一切言わない。逆に「よかったね」とか、ポジティブなことはよく言ってくれる。怒られたこともない。だからこそ、自発的に「頑張ろう」となれるのだと思います。

だからけんかもしない。

僕がイライラして、八つ当たりでちょっと厳しいことを言ったことがあります。そのときは冷蔵庫の前でグスッと泣いていたので、すぐに謝りました。僕に見えないところで実はものすごく我慢しているのかもしれない。そう考えたら、八つ当たりなんてできない。

「私たちはいま幸せだから、これだけ生活できているし十分です」

「そんなに大変ならもっと仕事休んでいいよ」

妻の言葉には〝無償の愛〟があるんですよ。そういうのって普通、親だけじゃないですか。でも、妻からは感じるんですよね。何の見返りも求めずに、そばにいてくれる。

何度でも言いますが、彼女に出会ってなかったら、いまの僕はない。人にもっと冷たかっただろうし、堕落した人生を送っていたはず。金もないのに遊んで、酒飲んで。妻に会うまでは自分がいかにダメな人生を歩んでいるかに気づいていなかった。「どうせなんとかなるだろ」って根拠もなく思っていました。下手したら人嫌いの性格がますます悪化して、完全な引きこもりになっていたかもしれない。

妻はある意味、僕に寄り添わないんですよね。僕が喜びすぎているときは一緒に喜ばないで落ち着かせ、僕が落ち込んだときは一緒に落ち込まないで平常心を保とうとする。そして、いつも適切なアドバイスをくれます。

家ではあまり仕事の話をしないようにしているのですが、たまにどうしてもつらくなることがあります。そんなときは、子どもたちが寝静まったあとに「もう耐えられないんだけど、どうしたらいい？」と妻にグチっちゃう。すると、「こう考えたら？　そうしたら別に気にしなくていいじゃん」と言ってスッとラクにしてくれる。気持ちがどん底まで落ちて、本当にきついとなったとき、妻に何度も救われました。

逆に浮かれているときは「でもそれは、うまくいくかどうかわからないよね」とブレーキをかけてくれる。常に僕の手綱を締めたり、緩めたりしてくれるんです。

妻じゃないと僕の操縦は無理ですね。程よく締めて、程よく緩めてという作業を無意識にやってくれてますもん。

母親としても尊敬できる大切な存在

母親としてもすごいんです。なんの文句も言わずに食事をつくって、子どもたちの世話をしている。学校行事にも行っているし、ママ友たちとも仲良し。掃除や洗濯を「あなたもやってよ」と言われたことは一度もない。

だからでしょうか、こっちからやってあげたくなっちゃう。

僕は毎朝、仕事に行く前にシャワーを浴びるんですが、そこで風呂掃除もします。家に帰ったらお風呂に入ってすぐにでもビールを飲みたいんだけど、洗濯物が取り込んであるのを目にしたら、それを畳んでから飲む。何か当番を決められているわけではないし、何も言われてないけれど、できることがあったらやろうかなってなります。

妻からもらっている分は、できる範囲でお返ししたい。妻が僕にしてくれていることに比べたら雲泥の差があるけれど、僕なりの感謝の想いを伝えたいな、と。

改めて妻は「桂宮治」という落語家ではなく、「宮利之」という人間を好きになってくれたのだと思っています。

「貧乏でもいいから二人で暮らしていこう」

「どんな仕事でも受ければいいじゃん。ダメならやめればいいよ」

妻に言われるままに必死でもがいているうちに「桂宮治」という落語家が少しずつできあがっていきました。

神様がくれたプレゼントといえば、前座時代に長女を授かりました。

夫婦で望んでいたのですが、なかなかできなかっただけにありがたくて、かわいくて……。この子のためなら何でもできると思いましたし、何でもしなきゃと思いました。次女、長男が生まれたときも同じくらい感激しましたね。

長女が生まれる日、僕は病院にいました。

「一つの命が誕生する感動の瞬間に立ち会える」

と胸を震わせていたのですが、分娩室には入れてもらえませんでした。

なんで？と聞いたら、

「トンくんがいると、そっちのほうが心配になってしまうから……」

と。

日ごろの行いからわからないでもないけど、そんなに迷惑なの⁉　なんだか僕の母親でもあるみたい。

僕にとって完璧な妻であり母でもある、明日香。ただ、もちろん、まったく言えた義理ではないんですが、一つだけ気になることが……。ちょっとだけ抜けているところがあるんですね。この前もテレビ番組の密着取材で、家族みんなで手巻寿司をつくることがあったのですが、まずご飯を炊くのを忘れていました。で、いざ炊けたと思ったら寿司酢がないことに気づきました。仕方なく近所のスーパーに買いにいって戻ってきたら、今度は海苔を買い忘れていてまたスーパーへ！　なんてことがある。でも、ま、こういうのって、なんかかわいくないですか？

結婚してから妻と一度だけ、上野広小路亭で「二人会」をやったことがあります。妻が琵琶を演奏し、僕は落語をやりました。バカでしょ！　なのに、武蔵小山と戸越銀座の友人と、昔の芝居仲間や仕事仲間が来てくれたおかげで「満員御礼」となりました。おバカな夫婦にあれだけたくさんの人が付き合ってくれたのは心底うれしかったですね。これも妻とだから味わえた、「新しい景色」のひとつです。

「成金」は僕の青春時代

二〇一三年九月に結成された若手ユニット「成金」に参加しました。メンバーは、落語芸術協会の二ツ目落語家と講談師十一人。

二ツ目に昇進した初日。妻の明日香、長女の和奏と、新宿末廣亭の前で

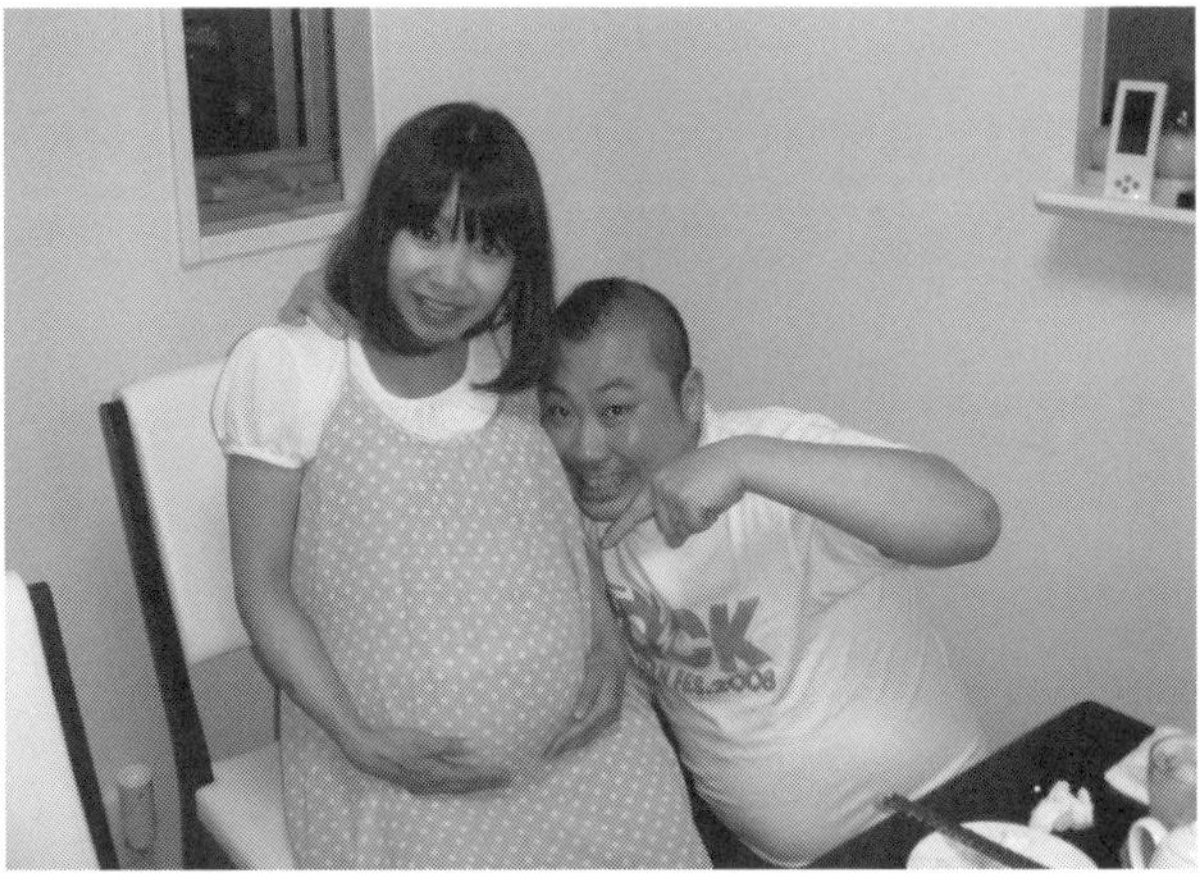

まだ和奏が明日香のおなかの中にいるころ。早く出てこーい！

雷太兄さん（現・桂伸衛門、当時・春雨や雷太）と講談師のハクちゃん（現・神田伯山、当時・松之丞）が「深夜寄席みたいなことをやってみないか」と誘ってくれました。メンバー十一人のうち四人が毎週金曜の夜に出演する落語会を開く企画。会場は「ミュージック・テイト西新宿店」という落語専門のCDショップ。落語ファンの間では知られた店です。期間は「誰かが真打ちになるまで」でした。年齢や経歴が全然違う若手が集まるという。人が集まるところは苦手でしたが、みんな前座仲間だし、面白そうだったので入れてもらいました。

成金のいいところは定期的に出番があり、仲間と切磋琢磨できること。ミュージック・テイトのCD棚を動かして三十席程度の会場をつくるのですが、初めのころはお客さまが十人くらい。その日その日の顔付け（出演者）や番組（企画）によって、お客さまの入りが違ったので、自然とみんな、競い合うようになりました。

全員で集まってベタベタするような関係ではないのですが、そのうち「みんなで旅行しよう」という話になりました。僕が幹事。ワゴンDJ時代に全国を飛び回っていたので旅慣れているというのが理由です（笑）。とにかく毎回、十一人分の切符や部屋を手配していました。鬼怒川、熱海……三回くらい行ったかな。温泉ばかりですね。どこに行っても大部屋を二部屋。夜になるとどちらかの部屋に「全員集合！」で飲み会です。

大勢の噺家が一部屋に集まるんですから、それはそれは騒がしい。全員でカードゲームのＵＮＯをしたり、みんなで裸になったり、ならなかったり（笑）。いつも決まって夜中の零時にホテルマンが来て「静かにしてください」って注意されました。ほかのお客さまにはご迷惑をおかけしました……。

成金は僕にとって、まさに「青春時代」です。

年齢は十五歳くらい離れているのにお構いなし。僕は弟子入りが遅かったので歳は上のほうでしたが、海に行ってはビーチボールで遊んで、街に出てはキャッキャとはしゃいで。僕は大学には行かなかったので、「大学生ってこんな感じなんだろうな」ってふと思ったりもしました。前座時代に生まれて初めて「自分の居場所を見つけた」と喜んだ僕でしたが、成金メンバーは「仲間を見つけた」。友達であり、ライバル。人嫌いで人見知りの僕でも、すごく心地よい関係でした。

成金は、香盤が一番上だったこっちー（柳亭小痴楽）が真打ちに昇進したので、発足当時の約束通りに二〇一九年九月に活動を終えました。その後、僕を含めて次々と昇進し、二〇二二年五月には春風亭昇也、柳若（現・柳雀）の二人が昇進して、メンバー全員が真打ちになりました。

でも、うちの師匠が何かにつけて言うのが、「落語家にとっては棺桶がゴール」。当たり前ですが、真打ちになるのがゴールではない。ここからが勝負です。棺桶に入るまでは抜いたり抜かれたり、〝噺家〟として競い続ける。成金のメンバー全員がやっとスタートラインに立ったということですね。

真打ち昇進

「今度、理事会があるんだけど、準備できてるよね？」

突然、落語芸術協会（芸協）会長の春風亭昇太師匠から電話がありました。二〇二〇年一月のこと。正月恒例の落語会のため、僕は長野市の善光寺にいました。宿坊に泊まり、善光寺の境内で落語をやるのですが、電話があったのはちょうど午前公演と午後公演の間でした。

「準備」の意味はすぐにわかりました。理事会で僕の真打ち昇進を議題にあげるということとです。断る理由はありません。

「大丈夫です」

と即答です。日程の話などをしました。理事会で承認されれば、昇進はその年の秋か翌年の春になるということでした。

うれしいこともつらいことも妻には黙っていられないタチなので、昇太師匠からの電話を切るなり、妻に電話をかけ、こうこうこうなるらしいよ、と話しました。妻は「よかったね。見ててくれたんだね」と喜んでくれました。

僕の真打ち昇進を決める理事会の当日、僕は妻と家にいました。やがてスマホが鳴りました。

「（芸協）事務局から真打ち昇進が決まったって電話がきたよ。二月下席から単独興行だよ」

師匠はいつもの優しい口調で伝えてくれました。

「一人で大変だと思うけど、一緒に頑張ろう。よかったね」

マスコミは「二十九年ぶりに五人抜きでの真打ち昇進」とセンセーショナルに報じまし

たが、僕は抜いたのではなく、少し早く披露興行をやらせてもらっただけだと思っています（だってゴールは棺桶なんですから）。五人の先輩には「この度、真打ちに昇進させていただくことになりました。夕方にリリースが出るらしいのでご連絡させていただきました」と電話でご挨拶しました。先輩方からは「おめでとう。頑張って」と励ましていただきました。

――と、ここまでは二〇二〇年三月までの話。

つまり、日本で新型コロナウイルス感染症が確認され、猛威を振るい始めたころの話だということです。

真打昇進披露宴を開いたのは、感染拡大が進行した二〇二一年二月七日。まさに緊急事態宣言が発令中でした。会場は、新宿の京王プラザホテル。僕は感染防止策を徹底して行うことにしました。マスクをつけた来賓が手指消毒をして次々と入場してきます。

大人数での飲食なんてありえない時期でした。感染対策のため料理も出せない、お酒も出せない、長時間も禁止。収容率の制限があって、千三百人が入る会場に六百人しか入れられない。

どうやったら披露宴を開けるかということだけを考え、テーブルには水分補給用のペットボトルだけ。乾杯はできないから「エア乾杯」をしました。消去法で計算していったら、残された道はそれしかありません。酒蔵の方がオリジナル樽をつくってくれたのにお酒を入れることもできませんでした……。だから、水がちょこっと入っただけの鏡開きをして、何もない手で「エア乾杯」です。

このとき、三遊亭円楽師匠に乾杯のご発声をいただきました。

「やらないという選択は簡単にできるけど、どうやったらできるのかを考えたのがすばらしい」

あの日から二年もたたずに、あの世へ旅立ってしまうとは夢にも思いませんでした。

「やった後悔」はいいけど、「やらない後悔」は一番よくない。妻も「やるって決めたんなら、やったほうがいいんじゃない」と言ってくれました。

「全部やってみよう」

コロナ禍での披露宴は前例がなかったけれど、会場の手配などはすべて一人でやりました。あれもダメ、これもダメ。ダメなことばかり。「それならこうしてやろう」という逆転の発想で、おもてなしを考えました。食べ物や飲み物をまったく提供できなかったのがあまりに申し訳なかったので、できるだけ豪華な特注弁当を手配しました。オリジナルラベルの日本酒やビールにジュースなども用意して、オリジナルのエコバッグに入れてお土産にしました。

当日は来賓挨拶も余興もやりました。一時間程度ですが、それなりに盛り上がりました。その後の真打昇進披露宴でも「エア乾杯」を行っていることがありました。テーブルにペットボトル一本しか出さないような披露宴を初めて開いた落語家として、歴史に名を残すかもしれないですね（笑）。半ば無理やりでしたが、やってよかった。心からそう思います。

振り返ってみると、いつも〝行き当たりばったり〟なんですね。高みにのぼるために計画的に努力してきたわけではない。

目の前に山がある。どうやったら乗り越えられるかをその場で考える。そして泥だらけになって乗り越えてきました。気がつくと、アイテムが一つ増えていました。そうやっていろいろな〝山〟を踏破してきて、いまの僕がつくられていったんです。「全部やってやる」

でここまで来ちゃったんです。

会場には、応援していただいている方々から届いたたくさんのお花や着物、帯などを展示させていただきました。十数年、高座に上がってきましたが、本当に多くの方に支えられていたんだな、と実感しましたね。

涙の披露興行

その四日後の二月十一日、新宿末廣亭の二月中席から真打昇進披露興行が始まりました。その後、浅草演芸ホール、池袋演芸場、国立演芸場、上野広小路亭、お江戸日本橋亭と、延べ四十日にわたって行いました。

こっちー（柳亭小痴楽）、ハクちゃん（神田伯山）に次いで、成金で三人目の一人興行。普通は何人かで一緒に昇進するのでたくさんのお客さまが集まるのですが、僕一人では大して集まらないだろうと思っていました。ところが、大初日から多くの方が新宿末廣亭の前に並んでくれて。寒空の下、携帯カイロをお配りしました。コロナ禍にもかかわらず、披露興行が連日満席だったのは本当にうれしかった。

うちの師匠はもちろん、笑福亭鶴瓶師匠や立川談春師匠、山田邦子さんまでゲストとして高座に上がっていただきました。

邦子さんは二ツ目になってすぐにNHKラジオで初めてお会いしたのですが、とてもよくしていただきました。ご飯に連れていってくれたり、お花見に行ったり、観劇したりと、何かあるたびに誘っていただいて。落語家以外で最初に知り合いになれた芸能人。太陽のように、いろんな人が集まってくるんです。トップランナーというか、女性芸人のパイオニアの凄みを肌で感じましたね。

真打ち昇進が決まると、すぐに報告して、「披露宴に来ていただけませんか。口上書も書いていただきたいです」とお願いしました。

「私なんかでいいの？」

そう言ってくださる邦子さんに、「いや、邦子さんにお願いしたいんです」と。ラジオ番組を卒業するときに、「宮治は絶対売れるから大丈夫だよ」と言っていただけたのが心に残ってましたから。以前にお会いしたときにそのことを言ったら、覚えていました。

「だって、大丈夫だと思ってたから」

　ところで、披露興行の間、うちの師匠は楽屋でも高座でもいつものようにヘラヘラふざけていたのに、ラストのラスト、国立演芸場での千穐楽《せんしゅうらく》の口上のこと。

「えー、ご来場御礼申し上げます」「宮治は幸せ者ですねぇ」といつもの調子で始めたのに、「かわいい宮治を……」と話したところで突然泣きだしたんです！　最後の最後に泣くなんてずるいじゃないですか！

「かわいい宮治をどうぞよろしく……」

　涙を流しながら頭を下げる師匠。

「なんてことをしてくれるんだ！」

　心の中で叫びながら、僕も号泣。

　三本締めの手拍子に包まれて、大の大人が目を真っ赤にしている姿がいまだにYouTubeに残ってます。そこにこんなコメントを残しました。

「この日の口上の為に全てがあったのかもしれない。師匠伸治の弟子になれて本当に良かった…」

　この日は、一生忘れられません。

披露宴も披露興行もコロナ禍で強行しましたが、当時は地方から東京へ人が来られる状況ではありませんでした。とくに東京で爆発的に感染者が増えていたからです。

でも地方にも落語会を開いていただいたり、応援していただいている方がたくさんいます。その中のある方から「雰囲気だけでも味わいたいなあ」と言われ、披露興行中の楽屋の様子や高座の上で起きていることを自撮り棒に付けたスマートフォンで撮影し、ＹｏｕＴｕｂｅチャン

新宿末廣亭での真打昇進披露興行に参加していただいた、写真右から、春風亭昇太師匠、桂雀々師匠、三遊亭円楽師匠、桂宮治、桂伸治師匠、昔昔亭Ａ太郎師匠。感謝感謝です！

ネル『桂宮治の撮って出し！』で配信しました。前座、二ツ目のころから応援していただいた方々に「ありがとう」の気持ちを伝えるにはこれしかないと思ったんですね。

始めたばかりのときは動画を編集したり、配信したりする方法がまったくわかりませんでした。でも、興行が終わるころには編集の腕もだいぶ上がりましたよ。桂南光師匠が編集しないと世に出せないようなことばっかり言ってたからかもしれません（笑）。

「上燗屋」の〝壁〟

大初日のトリネタ（最後の演目）は「上燗屋」にしました。自分の人生を変えたネタ。いままでに百五十近い噺を覚えましたが、その中で「上燗屋」が一番好きです。十四年前、YouTubeで桂枝雀師匠がこのネタをやっているのを見て、「人をこんなに幸せにできる仕事があるんだ」と落語の道を歩むと決意したのです。この噺がなかったら、僕は落語家になっていなかったのですからね。

ただ、落語家になっても最初のころは上燗屋はやりませんでした。やらないというか、できなかった。恐れ多くて「手を出すのはまだ早い」と。でも、真打ち昇進が近づくにつれ、「一度やってみたい」と思うようになって、桂枝雀師匠の系譜を継ぐ上方の先輩に稽古をつけてもらいました。

ネタ下ろしは、もう違和感の塊でした。西荻窪の「宮治展」。ダメダメ。思い入れが強いせいか、どうしても頭の中に枝雀師匠が出てきてしまう。どうしても枝雀師匠に寄せにいってしまうんです。そうしたところで、当たり前ですが、枝雀師匠の足元にも及ばない。全然面白くない。

「枝雀師匠ならもっとウケてるよなあ」

その後も挑んだのですが、何度やってもダメ。やればやるほど、つらくなっていく。

十四年前に運命的な出会いをした上燗屋を、十四年前まで落語をまともに見たこともなかった僕が、自分の真打昇進披露興行で高座にかける。普段の落語とは違う感覚でしたね。自分を見つめ直す作業をしているみたい。「俺ってダメだな」と何度も自覚させられた。自分の中で枝雀師匠の存在が大きすぎるんです。

結局、大初日のお客さまにはよく笑っていただいたんですが、その最中でも「こんなんじゃない」って。

これってたぶん、死ぬまで続くんじゃないでしょうか。

コスプレをやる意味

高座に上がる前は、いつも心配です。

今日はどうかな……。ウケるかな……。

信じてもらえないかもしれませんが、「今日も高座だぜ、イエーイ!」なんてのは一度もない。自信満々で上がることなんて、百パーセントない。ドキドキ、ソワソワ。顔は笑顔で陽気に見せているけど、小心者の宮治全開!

そもそも自宅から会場に向かう時点でドキドキが始まっていて、いつもお客さまにどれだけ楽しんで、喜んでもらえるかなあと不安ばかり。

経験を積むことで引き出しの数は増えるので、こういうときはこうしたらいいというパターンができてから多少は改善されたものの、〝怖さ〟は変わらない。

少ししゃべり始めて、いつペースをつかめるかってソワソワしながら、マクラでお客さまをさわっていって、確かめていきます。「客いじり」といわれても、とにかくお客さまを全体的にさわっていって、「この空間を共有しようね」「楽しもうね」っていう空気にしてから落語に入りたいんです。そうなるまでは怖い。毎回そう。不安でしかない。

出囃子が鳴り、袖から出るときは手に「人」の字を書いて呑み込んで、

「よし行こう」

とスイッチを入れます。

「はい」と自分に言い聞かせて、舞台に出ていく。座布団に座り、扇子を置いて手をつき、お辞儀をするところまでが一番大事。ここでお客さまに「この人は面白い人だ」と思っていただけるかどうか……。

本で読んだのですが、人間は表情や仕草という視覚情報と、声のトーンや声色のような聴覚情報だけで相手が何を伝えたいのかをイメージできてしまうそうです。何を話しているのか、その内容自体はほとんど情報を処理しない。だから、見た目を意識して思いっきりの笑顔で陽気に元気に出ていって、「はい、みなさんよろしくお願いしまーす!」と明るく楽しくいけば、「面白そうな人だな」って受け入れてもらいやすくなる。

もちろん、あえてマイナスの印象から入ってプラスにもっていく人もいますが、僕には無理! 最初から視聴覚情報で「面白い人だ」と思ってもらわないと、不安で噺を始めら

独演会のオープニングトークといえば、コスプレ！　この日は楽屋で幽霊姿になってスタンバイ！

れないです（笑）。

独演会なら「オープニングトーク」（昔は「オープニングアクト」って言ってました）でさわりにいきます。

座布団からだと実際の距離もあるし、気持ちの距離もある。立ってマイクを持って、客席に行ったほうが早い気がするんですよね。

落語だけをやるのではなく、いろんなことをやってみる。サンタクロースやアマビエ、人魚、幽霊のコスプレ姿で舞台に上がり、歌ったりお芝居をしたりします。黒紋付きに安っぽいちょんまげのヅラをかぶって、顔に白塗りして歌舞伎風の口上をやってみたのが始まり。やってみたらウケたし、自分でも面白くなって、スモークをたいて出まかせのロックを歌ったり、ダンスやマジックをしたことも。

これ、本番前に照明や音響のスタッフの方々と楽しみながらつくるのですが、仕込みは公演の数日前。五反田や大森のディスカウントストアでコスプレ衣装やグッズを買うところから始まる。吊るしてある衣装を見ながら、ショーの内容を考えるのがもう楽しくて！

お客さまに「バカなことやってるな」と楽しんでもらえればそれでいい。とくに伝えたいメッセージがあるとか、新たな表現方法に挑戦したいとか、高尚なものがあるわけではなくて、単なるお遊び。家には昔使った衣装や小道具がたくさん残っていますよ。

開演してすぐ、お客さまがその場の空気に慣れる前に、前座さんが高座に上がっても会場を温めるのは少し難しい。だから最初に、僕が会場をグッチャグチャにしちゃってから、前座さんにバトンタッチするという目的もあります。そしてまたバトンを返してもらうと、僕もとてもやりやすい（前座さんはやりにくいと思いますが）。

これにはメリットとデメリットがあるでしょう。粋じゃないし、落語なのになんでこんなことやるんだよ、と思われるかもしれません。でも、これが僕の「落語」なんです。

お客さまの心をいかにつかむか

ともかく、僕が昔やっていたワゴンＤＪの仕事と同じで、信じてもらってから売るのがポイント。自分のことを楽しい人だと、もっと言えば好きになってもらってから噺を聞いてもらうようにしています。

少し前までは、「これくらいの会場でこれくらいの人数ならもっと笑いが起きてもいいのに」「クスクスはあるけど、笑いがドーンとこないのはなんでだろう？」と試行錯誤の連続でした。それで焦って冷や汗が出てきて、顔がこわばったりしたものです。お客さまはそれを敏感に感じ取って、引いてしまう。演者の雰囲気とか状況を無意識に察知するんですね。

そうならないように、一つずつお客さまの反応をしっかりと確認しながら、どうやったらみなさんがこっちに入ってきてくれるかなと、あちこち叩いてみたり、押してみたり、引いてみたりする。これは、ワゴンＤＪ時代に培った引き出しでもあります。この人は帰りたいのか、化粧品なんて買いたくないのか、僕のことを信用してないのか。それらを察知するアンテナを張りながら進めるわけです。

もちろん反応がまったくないときもあります。さわってもさわっても、変わってくれない。でも、そんなときは別の引き出しを使ってさわる。それを繰り返していけば、必ず「なんか触れたな」という感覚がきます。「いけたかな。大丈夫、大丈夫ね」みたいな感じです。

本編に入って、登場人物になりきってセリフをしゃべり始め、お客さまがあまりついてきてないと感じたら、もっとわかりやすく言ったほうがいいのかな、早口すぎるかな、もっと間を取って遊びを入れたほうがいいのかな、と探っていきます。登場人物同士の掛け合いとお客さまとの三角関係の中にある空気を感じながら高座をつくっていくんです。

一方で、もう一人の自分がそれを俯瞰して見ています。

僕は八っつあんの中に入っている。熊さんの中にも入っている。お客さまがいて、物語を進める僕がいて、その間で演じる登場人物がいて、それをフワッと冷静に全体的に見ている、もう一人の僕がいる。同時進行でいろんなところを見ていて、「あ、なんか違うな」と気づいたら修正する。だから、一つひとつの高座に違いがある。お客さまも違えば、その日の自分の体調も違う。すると、八っつあん、熊さんのセリフも動きも変わってくる。

八っつあんは何を考えてこのセリフを吐いているのか、そのセリフを聞いた熊さんは何を感じたのか、それを横で眺めているご隠居にはどのように聞こえて、次にどんなセリフを吐くのか？　そのセリフを聞いたお客さまの表情を見ながら、次はこんな展開になったら驚くだろうな……。そんなことを考えながら話しています。

よく「登場人物が独り歩きする」という噺家もいますが、僕の中では自分がある程度は登場人物を支配しているイメージです。その場その場でお客さまの反応を見てセリフや動きを加えたり、減らしたり。ここは今日のお客さまには長すぎるから途中をショートカットしようとか、もっと膨らませたら面白くなるだろうなとか調整してみます。口慣れている噺などは、十分から三十分以上と調整しながらできます。

こんなふうにできるのも、子どものころから人見知りで、人に嫌われないように、いま目の前にいる人たちがそれぞれ何を考え、どう感じているかを突き詰め続けてきたからかもしれませんね。

笑って泣かせたい！

自分の公演は、落語だけにこだわらず、ショーというかおもちゃ箱というか、「エンターテインメントを丸ごと詰め込みました」という空間にしたいんですよね。「落語をやります。笑って帰ってもらいましょう」ではなく、「笑いがあります。そして陰惨な話もあります」といろんなことをワーキャーやって、楽しんで帰ってもらいたいんです。

それを「落語に対する冒瀆だ！」と考える人もいると思います。それはそれで正しくて、そういう人は、残念ですが僕の落語会には来なくなるでしょう。この世には何百人という噺家がいますから、自分に合う噺家がいれば、そうでない噺家もいますよね。すべてのお客さまに好かれるのは難しい。「人嫌い」ですから、慣れてはいますけどね（涙）。

「落語家がやっていれば、それは落語だから」

これはうちの師匠の考え。ほかの人がやってるかどうかなんて関係ない。自分が楽しいと思って、お客さまが喜んでくれればそれでいい。「落語会で普段見られないものを見られました」っていう特典がついていたほうが面白いんじゃないか、と。

そんなわけで、僕は一つひとつのネタを楽しんでいただくというより、一つの公演全体を楽しんでいただきたいと思っています。だから構成としては、まず、トリのネタを決めて、そこから遡って、その前はこのネタ、その前はこれ、という順に決めていきます。そうやって一つひとつのネタが生む空気をイメージしていきます。

天井から下りてきた緞帳が閉じ切った瞬間、お客さまがどういう気持ちになっているか。明るく楽しい気持ちで帰らせたいのか、ジワっとくるような気持ちで帰らせたいのか。いまは、その両方を味わっていただくようにしています。

「楽しかったわー。でも、最後にホロっとさせられちゃったなぁ」っていうの、好きですよね、日本人って。子どものころに見たドリフやコマ劇場の座長公演のように、笑って泣かせたいんです。

もちろん、公演の構成をいくら自分の頭の中で組み立てていっても、会場の反応が想像と全然違うのはよくあること。落語自体、話すたびに違った思いが自分の中に湧き上がってくるから面白い。その場そのときの自分の気持ち、そのころの自分を取り巻く状況によって感じ方が変わってくるんだと思います。つまり、高座に上がるまで何が起こるかがわからない。

でも、それが噺家としての醍醐味なんです！　やればやるほど、表現者として発見があり、お客さまに伝えたいことが次から次へと出てくる。それによって、話の持っていき方だけでなく、オチだって変わる。

今日はこっちで終わりにしたいなって思ったら、そういうふうにオチを動かせる落語があります。自殺しようとした男が死神と出会う「死神」なんかは最後にロウソクの火を消してもいいし、消さなくてもいい。消し方にもいろいろあるし、そのときのお客さまのノリとか僕の心の動きでつくっていけるんです。

落語って、おもしろいですね。

二席が終わると、お仲入り（休憩）。

「疲れた」「やりすぎた」「まだあと一席あるのか」と、いろいろな思いが頭をよぎるときもありますが、「終わったら、ビール飲めるぞ」と自分を励まします（笑）。

そして、トリネタはたいてい重めの話をやるので、その噺のことを考える。何をやるかは決めているので、あそこはどこでどうなって……と落語に集中！

そうそう。トリネタでネタ下ろしをすることもあった。そんなときは、とくに頭の中で進行をイメージします。

トリネタが終わり、緞帳が下り始めたら「ありがとうございました」という気持ちで、できるだけ最後までお客さまを見るようにしています。二時間も僕の話を聞いてくれていたわけだから、本当に感謝です。で、緞帳が閉じ切った瞬間、「終わったー。ビール飲みたい！」となります（笑）。自分の中で「納得いかなかったなあ」とか、「あそこはああだったな」とかもありますけど、まずは打ち上げに行きたい（笑）。

コミュニケーション講師をして学んだこと

……とここまで話してきて、「宮治の高座の説明って結構理屈っぽいな」と思った方もいらっしゃるんじゃないでしょうか。その感想は当たってます。実は僕、コミュニケーションに関するセミナーや講演会の講師をさせていただいてましして、それに関するいろいろな本を読んでいることもあると思います。

二ツ目のころ、お客さまの中に士業の方がいらして、落語会の打ち上げの席で話しているうちに、「法律の知識だけでなく、クライアントとのコミュニケーションも大事だから、話のプロにコツを教えてもらえないか」と頼まれ、士業の方々の集まりで話すことになったのが始まりです。

落語家としてだけでなく、ワゴンDJとして学んだことをベースに自分が考えていることをノートにまとめました。そもそも、人見知りだったので人とのコミュニケーションの取り方について調べることが多かったのですが、無責任なことは話せないので本もたくさん読みました。

ある会社の若手幹部を相手に「ビジネスコミュニケーション」について講義をしたことがあります。「笑顔で接する」「相手の言ったことを繰り返す」「名前を呼んで話す」などなど、基本的なことの大切さを、僕の経験をもとに楽しめるようにお伝えしました。これが基になって、「産経らくご」と「らくごのブンカ」という落語サブスクで、文化放送の西川あやのアナとトーク番組をやったこともあります。

その名も『西川文野が聞く～元・トップセールスマンに学ぶ処世訓』。

笑わないでください！　この番組がきっかけで、僕の初めての冠ラジオ番組『桂宮治のザブトン5』（文化放送）が生まれたのですから。何が身を助けるかわからないですね。「人間万事塞翁が馬」などと言いますが、僕が人見知りじゃなく、コミュニケーションについて悩んでいなかったら、成立しなかった番組です。あ、そうだ、TBSラジオの『桂宮治「これが宮治でございます」』も聴いてくださいね（笑）。

本業の落語にだって活かされています。

例えば、嫌な人を演じるにはどうしたらいいのか。人に嫌われるってどういうことを言ったり、したりする人なのか。逆に好かれるキャラってどういう人か。そんなことを考えながら、登場人物に色をつけていくこともありますね。

講師の仕事は、結果として表現者としてもすごくプラスになりました。

趣味は子どもたちの顔を見ながら晩酌

新型コロナウイルスの感染拡大で初めての緊急事態宣言が発令された二〇二〇年四月、一瞬で仕事がなくなりました。ネガティブ志向な僕ですが、なぜかこのときだけは「仕方ないな」と受け入れられ、それまでの落語漬けだった日々から一転して、戸越銀座のマンションで大好きな家族と一緒に過ごす時間が増えました。

我が家は五人家族です。二つ年上の妻の明日香のほかに、二〇一〇年生まれの長女、和奏（十二歳）がいて、次女の莉咲（十歳）と長男の克利（七歳）がいます。

家族みんなで仲良くしていたい。だから、基本的には僕と妻が仲良くし、子どもたちが大好きだということをちゃんと表現する。毎日、愛情をもって接するようにしています。子どもたちは「どうせパパとママは私たちのこと好きだもんね」と言うんですが、それが大事。自分たちは両親からものすごく愛されているというのを恥ずかしげもなく、自信満々に言える関係をつくりあげることが、家族がうまくいくコツだと信じています。何も考えずに「私たちは愛されている」ということを、これっぽかりも疑わずにいる状況が一番なんです。

そういう意味でも、祖父や祖母、母が僕に無償の愛を注いでくれたことには感謝しています。母は離婚して大変だったのに、銀座で夜の仕事をしたり、定食屋を開いたりして僕の学費を払ってくれて、不自由のないように育ててくれました。

一緒にいる時間は少なかったけど、そうやって愛を授かったので、自分の子どもたちにも同じように愛を与えられる。それって子どもたちにとって必要なことだし、僕にとっても幸運なことです。

〝宮治家家訓〟みたいなものはないけど、挨拶とお礼をすることは口酸っぱく言っています。うちの師匠から教わった「嘘と泥棒はするな」もよく言います。

家族といっても人間同士だから、あまり干渉しないようにしています。あと、僕がいて、妻がいて、お前らがいるんだぞ、という序列は落語家ですからしっかり教えたい。いくら愛してるからって、大好きだからって、やりすぎたらそうじゃなくなるよ、と。叱るときは叱ります。でも、それすら忘れさせるくらい、子どもってかわいいですよねぇ。

僕には趣味らしい趣味はホントになく、家でお酒を飲むくらい。家でまったりして、子どもたちの顔を見ながらおしゃべりをして飲むのが唯一の趣味かなあ。

仕事が休みのときは、遊園地や映画館に一緒に出かけています。

旅行は家族みんなが大好き。おいしいものを食べたり、布団の上で枕投げをするのって楽しいじゃないですか！　浅草のビジネスホテルに泊まったって楽しい。十数年も仕事で行き慣れている浅草が違う街になる。普段はちゃんと見ないけど、子どもたちといれば仲見世もゆっくり楽しめる。家族と行けばそこはすべて〝遊び場〟。職場すらテーマパーク

ハワイに家族旅行したときのもの。左から、妻・明日香、長女・和奏、長男・克利、次女・莉咲。家族がいるから頑張れる！

になるんですね。

どこに行くかではなく、誰と行くかが大事。年に四回は旅行するようにしています。「いつ死ぬかわからないし、人生一度きりだから、楽しめるときに楽しまないと」というのが妻の考え方。僕も賛成です。

「落語家を辞めたい」と思ったことは一度もありませんが、コロナの出口が見えないと気づいたときに、初めて「子どももいるし、落語家を辞めることになるかもしれない」と危機感を覚えました。緊急事態宣言の影響で収容人員を半分に減らして公演をしたり、さっき話したトーク番組や落語会のインターネット配信をやってなんとか仕事を続けました。

第五章

『笑点』

晴天の霹靂！　『笑点』レギュラーメンバー入り

「『笑点』のレギュラーメンバーになってもらいたいんだけど、どう？」

まさに晴天の霹靂。

オファーを受けたのは、二〇二一年の蟬が鳴くころでした。

その日は『笑点』のプロデューサーに、汐留の日テレ本社ビルに呼び出されていました。暑い日だったので半袖短パン姿で十七階にある特別会議室に入ると、〝裏方のミスター笑点〟と呼ばれる制作会社のプロデューサーも一緒にいました。

「あ、これはやばい」

数日前、あるラジオ番組にゲストで呼ばれて笑点メンバーの師匠方をいじったシーンが脳裏をかすめました。それがバレて叱られる！　暑いのに冷たいワキ汗がジワリ。

ところが、雑談ばかりで三十分ほどが過ぎ、一向に〝本編〟に入らない。アイスコーヒーだけが減っていく。しびれを切らして、自分から「なんで呼ばれたんですか？」と聞いてしまいました。「早くご介錯をー」というわけです（笑）。

「この前、ラジオ番組で笑点メンバーの師匠をいじった件じゃないんですか？」

するると、プロデューサーは「あ、そうなんだ。そんなこと、どうでもいいよ」とさらり。

一人でドキドキしてバカみたいでした。

「じゃあ、僕、なんで呼ばれたんですか？」

と聞いたら、ようやく笑点レギュラーメンバー入りの話を切り出します。

まったく想定外の展開。

そんな話があるわけないと、とっさに思い、

「これ、ドッキリですか？」

と尋ねました。

「そうだよ」

とニコニコ顔のプロデューサー。

「本当ですか？」

「いや、冗談」

どっちが冗談なのかわからなくなりました。一応、特別会議室のどこかに隠しカメラが仕掛けられていないか見回しました。

「僕でいいんですか？」

って聞いたら、

「やれるかなあ」

と。

ありがとうございます！

心の中で叫びましたが、声になりませんでした。

『笑点』といえば、一九六六年から続く国民的人気番組です。毎週日曜午後五時半になると、「パッパラパラパラ、パッパ」というお馴染みの曲が日本中のお茶の間に鳴り響きます。まさに〝マンモス番組〟。僕もＢＳ日テレ『笑点特大号』の若手大喜利には出ていましたが、そんなことは夢のまた夢と思っていました。まさか、自分に声をかけていただけるとは……。

「はい、僕でよければやります。一生懸命頑張らせていただきます」

真打ち昇進の知らせを聞いたときもそうでしたが、吉報があると、まず「すごい、やったぞ」とうれしさが込み上げます。

そして例によってすぐグジグジが始まるのです。「できます」とか言っちゃったけど、本当にできるのだろうか……って。喜びと不安という相反する感情がほぼ同時にグチャグチャになって押し寄せてくる。そして、不安のほうがどんどん大きくなっていく。これって僕だけでしょうか？

でも、こんなに素晴らしいオファーを断るのは絶対に間違いだということだけはわかりました。

笑点メンバーになることが決まった僕に課された〝ミッション〟は二つ。

「元日までこの秘密を誰にも言わない」

「笑点収録日の土曜日のスケジュールを空ける」

でも、この二つを同時に遂行するのは至難の業。

僕がレギュラーメンバーになることは翌年の元日に放送される『笑点』の特別番組で公表されるのです。元日まで誰にも、うちの師匠にも家族にも言っちゃいけないと！

さらに、当時の僕は真打昇進披露興行を終えたばかりで、いただいたお仕事は断らない主義ですから、土曜日も一年先までほぼほぼ埋まっています。そのスケジュールを空けなければならない。だけど、「『笑点』のレギュラーメンバーになるので、キャンセルさせてください」とは口が裂けても言えない。

プロデューサーからは「もし宮治君がレギュラーメンバーになるという情報が先に出たら、この話はなかったことになるから」と念を押されました。恐怖です。


「やるしかない」

すでに情報解禁されている公演やチラシの発注が済んでいる公演もあるはず。一分でも一秒でも早く、主催者の方々に謝らなければ。打ち合わせが終わり次第、すぐにでも電話をかけたかったのですが、その前に一人だけ連絡しなければいけない人がいます。

妻です。

日テレ本社ビルを出ると、お日さまがカンカンに照っていました。

「笑点メンバーにならないかって本気で言われた」

周りに人がいないことを確認しながら、携帯でヒソヒソ話をする僕。

「そうなんだ。よかったね。見ててくれたんだね」

真打ちになったときとまったく変わらないリアクション。いつものテンションで「おめでとう」と言ってくれました。おかげで、少し心が落ち着きました。

誰にも口外しない約束でしたが、妻にしゃべらないことは僕には無理。自宅に番組の密着取材が来るとも聞かされていたので、「妻にだけは打ち明けさせてほしいです」とプロデューサーに頼み込みました。「いいよ」と言われたので、「僕より口が堅い人です」と自信をもって答えました。

携帯電話を持ったまま土下座！

妻との電話を切ったあと、土曜日に予定が入っている公演の主催者の方々へ電話をかけ始めます。刺すような日差しのもと、いつも使っていた黒い革製の表紙のシステム手帳を広げて、一件ずつ予定を確認し、電話をかけてはお詫びする。お世話になった方々に迷惑をかける。

普通にしていても、相手が自分のことをどう思っているかとクヨクヨ悩んでいる僕にとっては本当にキツい……。僕のこと、嫌いになっちゃうのは必至じゃないですか。

「あ、お世話になっております。宮治でございます。実はその日のお仕事ですが、ダブルブッキングしてしまっていまして。すみません、僕のミスで本当にすみません」

こんなふうに言わざるを得ないのですが、先着順でブッキングしていた僕にとっては本当につらい作業でした。応援してくれてる方々に嘘をつくなんてことが平気でできるなら、落語家なんてやってません！

「ちょうどいまチラシ刷っているところだよ」とか、「え？　そっちのほうがうちより大事ってこと？」なんて、胸をえぐるようなことを言われたり……言われて当然なのですが、生きた心地がしません。

「今回だけは勘弁してください！」

「ご恩は必ずお返しします！」

携帯電話を持ったまま土下座もしました。人間、必死に謝ると、自然に土下座するんですね。電話なんだから相手には見えないのに。

そんなわけで、それから数日間というもの、楽屋の外や移動中、自宅の子どもがいない部屋と、時間さえあれば、お詫びの電話ばかりしていました。

その年の年末、当時のレギュラーメンバーが辞めることが明らかになると、落語界では当然「次は誰か？」という話になります。そのころになるとさすがに「『笑点』の収録がある土曜日のキャンセルか……」とピンとくる方もいたようです。

はてさて、笑点メンバー入りを打診されたその夜、家に帰ると、まだ子どもたちは三人とも起きていました。でも、自分が笑点メンバーになるということを、発表前に子どもに言うことはできません。年齢的に我慢するのは無理ですし。それなのに伝えてしまったら、子どもを巻き込むことになる。

万が一、子どもたちが原因で話が広まってしまい、僕の笑点メンバー入りがなくなってしまったら……。自分の子どもをそんな目に遭わせたくないというのは、自然な親心ですよね?

パパに大事件が起きたことなどこれっぽっちも知らない子どもたちの頭越しに、妻から目配せで「よかったね」と言ってもらいました。

しばらくして、子どもたちがいないのを見計らっては、「パッパラパラパラ、パッパ」と台所とかで小声で口ずさみ、そのたび妻に「やめなさい」とたしなめられました(笑)。

それでも一晩中、このメロディーが頭から離れませんでした。

師匠の〝三つの教え〟

嘘と泥棒はするな
仲間を大切にしろ
その日の一番になれ

うちの師匠がいつも口にする、三つの教えです。

「嘘と泥棒はするな」

笑点のレギュラーメンバー入りを師匠にも言えないのはメンタル的にかなりきつかったです。師匠は僕にとって、本当の父親以上の存在ですから。

「お前だって？　みんな、そんなことを言ってるよ」

落語界で噂されるようになって、そう聞かれたこともありますが、「はい、そうです」とは言えませんでした。

落語界では「入門」も「破門」も言葉だけです。師匠が「弟子にする」と言えばその瞬間から弟子になって「入門」ですし、「破門」と言えばその瞬間に師弟関係は終了します。芸名は消えてなくなり、一人の人に戻ります。いわば、師弟関係は二人の間の信頼関係だけで成り立っているのです。だから、最初に報告すべき師匠に言えなくて真剣に悩みました。

「今度、笑点のレギュラーメンバーになるのは僕です」

と言えさえすれば、僕はモヤモヤが晴れてラクになる。

でも、今度はそれを聞かされた師匠がモヤモヤすることになります。もし師匠が誰かに聞かれたら、今度は師匠が嘘をつかなければいけなくなる。自分が弟子たちに口酸っぱく言っている教えを自分で守れなくなってしまう。だから、今回だけは真実を伝えることは自分の独りよがりだと思うことにしました。少なくとも隠し通すことが〝正解〟であるはずだと思いました。誰にとっても……。

師匠なら〝その日〟がくればわかってくれる、そう信じることにしました。

そうこうするうちに、〝秘密〟はどこにも漏れないまま元日を迎えました。桂伸治一門は毎年元日に、紋付き羽織袴で師匠の自宅に新年の挨拶に伺います。この年も例年通りに全員が集まり、僕も家族連れで参加しました。

「本年もよろしくお願いします」

と挨拶し、みんなで手ぬぐいを交換します。落語家にとって手ぬぐいは「名刺代わり」と言われます。年が改まると新調するのです。それをお互いに渡し合う。そして、後輩にはお年玉を渡します。「今年も正月を無事迎えられたな」と感じる瞬間です。

そしてこちらも例年通り、和食と洋食の三段重ねのお節料理が用意され、手作りのきんぴらごぼうとお雑煮を振る舞っていただきます。師匠とおかみさんはお酒が飲めないので、みんなでお茶で乾杯。

その帰りしな。師匠とおかみさんに別室の和室に来ていただき、〝秘密〟を打ち明けました。笑点新メンバーが発表されるまで、あと数時間というタイミング。本来なら〝フライング〟です。

「いままで黙っていてすみませんでした」

と言って頭を下げました。

「今日の『笑点』の特番で私がレギュラーメンバーになると発表されます」

こう言うと、感動的なシーンに見えるかもしれませんが、おしゃべりな師匠がこのあと寄席に出ないことはチェック済みです。師匠はＳＮＳをまったく使えませんので〝拡散〟の恐れもありません（笑）。

そんな僕の思惑を知ってか知らずか、

「そうか……」

と感慨深げな師匠。

「黙っているのは大変だったろう」

こんなときでも僕を気遣ってくれる師匠の言葉を聞いて、「弟子になってよかった」と実感。長い間言えなかったことが言えてスッキリしました。おかみさんも「おめでとう。頑張ってきたものね」と言って喜んでくれました。

僕が笑点メンバーになることを発表前に伝えたのは、妻、師匠、おかみさんの三人だけでした。

うちの師匠は父親以上の存在であり、一生の恩師です。

師匠は無償の愛の持ち主です。そもそも落語界の師弟関係は〝無償〟。師匠は弟子に落語家として生きていく術をぜ――んぶタダで教えてくれるのです。だから感謝しかない。

なかでも、うちの師匠は「無償ぶり」がハンパない。

師弟が百組あれば百通りの師弟関係がありますが、うちの師匠とは、「勝手にやりな。何かあったら引き取るから」という関係です。どういう立場になっても、よかったなあ、ってニコニコしながら見守ってくれる。弟子が何かしでかしたら「うちの弟子が何か?」と必ずかばってくれる人です。

師匠のニコニコ顔を見てください！ 自然とこっちもニコニコになります

血がつながっていないのに、これだけいろいろ教えてくれた人はいません。仲間との付き合い方から、噺家としての生き方、人としてどう振る舞えばいいのか。口ではなく、背中というか、雰囲気で教えてくれる人です。

実際、師匠は楽屋で自分の教えを実践しています。上から下まで分け隔てなく、常に仲良くしてニコニコしゃべる。その様子を見ているだけで、「人の機嫌を悪くしちゃいけないんだな」「人としてかくあらねばならない」と気づかされます。

人嫌いの僕とは真逆。だから惹かれたのかもしれません。そして、だからでしょう。僕が弟子入りしたあと、次々と弟子が入ってきました。

桂伸治一門

桂伸治一門の弟子は一番弟子の僕を含めて全部で九人です。

僕のあとに弟子入りした先輩の伸衛門兄さんはもともと別の一門にいらして、僕が前座のときに出会っていました。ルールやしきたりにすごく厳しい方ですが、一歩、寄席を出ると楽しい人。一門の仕切り役。一門会の会場やチケットの手配とかを全部やってくれて、一門としてのまとまりが出てきました。

僕の最初の弟弟子が、伸べえ。当時二ツ目だった僕のことが怖かったんじゃないでしょうか。極端に厳しくしたことはないけど、干渉もしませんでした。そもそも人の面倒を見るなんて僕にはムリ！　勝手に育ったというか、自分が前座だったときも「楽屋に入って勝手に頑張りなさい」という感じだったので、弟弟子もそれでいいだろうという感じでした。唯一無二の落語でキャラ立ちしていて、お客さまからの評価も高い。

僕と同じで歳がいってから落語界に入ってきたのが伸しん。いつも元気で「大のせ」（大食い）で、師匠のお宅で一番メシを食ってますね。

いつもマイペースなしん華はのびのびやっています。師匠のような人に出会えて本当によかったんじゃないかな。

そして蝶の治。入ってきたときに「いいんだよ、楽しけりゃあ」と言った師匠の懐の深さにある意味感心しました。誰よりも一生懸命で、スピード感をもって落語に取り組んでいて、これから先、期待できると思います！

最初からしっかりしていた伸ぴん。何事につけ器用で、唯一ちゃんとしたのが入ってきたなってホッとしました（笑）。で、弟子入りしたばかりの伸都はこれからこれから。

幇間《ほうかん》って知ってますか？　宴席や座敷でおしゃべりをしたり、芸を見せたりして場を盛り上げる芸人のことです。うちの一門にも一人います。松廼家八好《まつのやはちこう》。浅草の花柳界で幇間芸をしていた方です。芸はしっかりしていて、浅草花柳界のお姉さんたちからも信頼を得

個性豊かな桂伸治一門会の面々。一度、聴きにきてください！

ている。一門に入ってくれたおかげで、一門会としてほかの一門とは違う色ができている。うちの一門にとって大きな戦力です。

桂伸治一門はみんな個性が強い。寄せ集めといえば寄せ集め。一つにまとまっている一門ではないけれど、師匠もそれを求めていないです。

芸人ってもともと個人だから、それでいい。師匠が好きで、師匠に出会えて、師匠の弟子になれてよかったという気持ちさえあれば、それで一門なのだと思います。あとは勝手に動いていい。いま、ちょうどその通りになってますね。師匠のところにいるだけで「ここにいられてよかった」と思える。みんな、師匠がどうやったら喜んでくれるかを考えて、それぞれが行動しています。

ところで、僕も真打ちですから、もう弟子を取ることはできます。でも、まだ弟子を取れるような感覚になれていないです。人ひとりの人生を預かれるほど、自分が落語家としても、人間としてもちゃんと成長できているとは思えない。

私が自分の師匠に取ってもらっていまの自分がある。うちの師匠にそういったかたちでの恩返しはできないから、いずれ誰かを弟子に取ることが師匠への恩返しであり、落語界への恩返しになると思っています。なので、いずれは……と思っていますが、弟子入り志願者がいないかもしれないですしね。僕の芸風を見て、「あんなサンタとか人魚みたいなカッコとかしたくないよ」とか（笑）。

人生が変わった日

話は戻って二〇二二年元日。

師匠への〝告白〟を終えて、番組の密着取材のクルーと一緒に自宅マンションに帰りました。クルーは年末からちょくちょく撮影に来ていたので、そのころには子どもたちもすっかり慣れていました。子どもたちは三人とも小学生だったので、急に大勢の大人が我が家に上がり込んできたら緊張してしまいますよね。〝そのとき〟の家族の自然なリアクションを撮影するためだったのですが、功を奏したことになりますね。

正月の『笑点』特番。昇太師匠が「新メンバーはこの人です！」と言いながら僕の等身大パネルを披露しました。

「パパが笑点メンバーになった！」

驚く長男。家ではおしゃべりな父親の〝性格〟を知っている長女は「パパ、よく黙ってられたね！」と変に感心していました。

直後からスマホが鳴りやまなくなりました。電話、メール、ＳＮＳ……。あらゆる通信手段でお祝いの言葉をいただきました。

「おめでとう。よかったなあ」

最初の着信は、真打ち昇進のときにも一番最初に電話をいただいた笑福亭鶴瓶師匠からでした。

「人生変わるでえ」

笑点メンバーになったというニュースが流れただけで、たくさんの方々が祝意を送ってくださるということにビックリ。同時に、それだけ大きな出来事が自分の身に起きたんだと改めて感じました。おかげさまで、温かい声に包まれながら、新年を迎えることができました。

待ちに待った〝解禁日〟。お仕事をキャンセルした主催者の方々に電話をかけ、〝真実〟をお知らせしたうえでお詫びしました。みなさん喜んでくれて、「笑点メンバーになったからには、タダで出てもらうよ（笑）」なんて冗談を言ってくださる方もいらっしゃいました。

鶴瓶師匠がおっしゃった通り、僕の人生が劇的に変わった日となりました。

「若草色」に込めた想い

ご存じの通り、笑点メンバーといえば、それぞれの「カラー」があります。真ん中に座っている林家木久扇師匠は黄色、僕の隣の三遊亭好楽師匠はピンクです。

『笑点』の初収録は黒紋付き羽織袴で出演しました。三回目の収録時に、僕の着物が初めて用意されました。

「若草色だ……」

渡された着物の色を見て息を吞みました。だってこれは、笑点大喜利メンバーだったころの桂歌丸師匠の色です。笑点スタート時のメンバーであり、「ミスター笑点」と呼ばれた五代目司会者です。この大切な色を選んだ番組の思いは、どんなものかと考えさせられました。

長年の笑点ファンにとって、「若草色イコール歌丸師匠」です。若草色の着物を着た落語家がつまらないと、亡くなった歌丸師匠に迷惑をかけてしまう。歌丸師匠を知っている人にも知らない人にも、若草色の落語家は「面白い」とか「明るい」とか前向きなイメージを持っていただけるように頑張らなければ。初めて若草色の着物を着て収録したときに「『ミスター笑点』でなく『ミスったー笑点』と言われないように頑張ります」とおどけてみせましたが、実は身が引き締まる思いでした。

もし、『笑点』に末永く出させていただけるなら、何年先か何十年先かわかりませんが、「若草色イコール桂宮治」と自然に思い出していただけるようになりたいです！

そもそも私の笑点メンバーとしてのカラー、キャラクターはみなさんにどのように映っているのでしょうか。司会の春風亭昇太師匠は「メンバーのキャラづけとかいうけど、やっていればおのずとついてくるもの。自分で決めようとしちゃダメだよ」とアドバイスしてくれました。番組スタッフもメンバーに色がついたら、その色を前面に押し出すようにしますが、その前に無理に色を塗ってくることはしないのだそうです。

「いまの宮治のままで一生懸命やっていれば大丈夫だよ」

昇太師匠の言葉を信じて、いつも笑顔で明るく元気でいるようにしています。

ある師匠は、

「『笑点』は演芸番組であり、ドキュメンタリー番組なんだよ」

こうおっしゃってました。

つまり、メンバーの〝生きざま〟を見ていただく番組なのだと。その中で、自然とキャラがにじみ出てくるのだそうです。いろいろな言い方があるのだと思いますが、自然体が一番ということですね！

ただ、振り返ってみると、オープニングのご挨拶にしても大喜利のネタにしても、どうしても家族の話が多くなっているようです。家族が大好きで、プライベートで人と会うことはほとんどないからネタも家族しかない（笑）。

最近はさすがに一緒に過ごす時間が減りました。僕の前では言わないけれど、子どもたちも周りの反応に敏感に気づいているようです。

妻が「テレビの前で子どもたち、喜んでいるよ」って言ってくれるのが救いです。

いまでも毎朝、子どもたちが学校に行くときには妻が必ずドアの前で「いってらっしゃい」と見送ります。僕も寝床から這い出してエレベーターまで見送りにいったり。とにかく、家族と一緒にいる時間がとても大事。家族がいるから頑張れます。

一之輔兄さん

今年（二〇二三年）二月から、亡くなった三遊亭円楽師匠に代わって春風亭一之輔兄さんが笑点メンバーになってくれました。日ごろから「寄席のジャイアン」と呼んで恐れている兄貴分の登場で、僕のキャラも変わっていくかもしれません（笑）。

一之輔兄さんとは本当に仲良くさせていただいています。僕の笑点メンバー入りが公表

される前、

「お前に決まったんだって？」

と聞かれて、

「俺じゃないっすよ。兄さんより先には行けないですよ」

とごまかしていたのですが、僕だったことが明らかになった途端、自分のツイッターで、

「この嘘つき豚野郎」

とののしられました（笑）。決まってても言えるわけないじゃん！という「暗黙の了解」があるので、お約束のプロレスみたいなもんです。ありがたいなと思います。

でも、自分だって笑点メンバーに内定していたとき僕が何度聞いても、「ハァ？　何言ってんの？」って言ってましたよね、兄さん？（笑）

兄さんと初めて出会ったのは僕が前座のころ。二ツ目だった一之輔兄さんによく声をかけてもらい、落語会のお手伝いをさせていただきました。

一方的に僕が好きなのかもしれないけれど、兄さんもかわいがってくれるんです。時間があれば、飲みに連れてってくれます。二人がそろう落語会があって、そのあとに何も予

定がなければ必ず飲みにいきます。人見知りの僕ですが、兄さんは心を許せる数少ない人です。

実は同じような環境で育ってきたからかな？　お互い末っ子だけど長男で姉が三人いる。子どもが三人いるのも一緒。

ただ、性格は全然違います。兄さんは一言でいうと、『ドラえもん』の「ジャイアン」。僕は見かけ上は明るそうだけど、ハートはガラス。違うからこそ、プラスとマイナス、陰と陽で引き合うのかもしれないですね。全部が全部一緒だとぶつかったりとかしますよね。モノの捉え方とか、考え方とかがちょっと違うからいいんですね。兄さんといると、本当にラクです。

一之輔兄さんの笑点メンバー入りは、僕にとってもうれしいこと。大喜利でけんかしないようにします（笑）

歳は兄さんのほうが二つ下ですが、この業界では一分一秒でも先に落語家になったら、性別年齢にかかわらず先輩です。何があっても逆らってはいけない。

いつだったか、お互い同じ日に沖縄で落語会があったときのこと。先に沖縄に着いた兄さんから「(落語会が)終わったらどうするんだ?」と電話がありました。

もちろん「大丈夫ですよ」と返事。そして夜、先に自分の公演が終わった兄さんが僕の公演会場まで来て、終わるのを待っててくれて。かわいいとこあるんですよね。意外と、寂しがり屋なんです(笑)。

飲んでも落語の話はまずしない。最近あったたわいもないことを漫談みたいに話して、二人でキャッキャ笑っているだけ。いつも気持ちよく酔えて、何を話したか記憶にないくらいです。お互い、悩みがないわけではないけれど、それを言わずともわかり合える間柄になりたいですね。

『笑点』はチームプレー

実際に〝中〟に入ってみてわかりました。『笑点』という番組は「チームプレー」なのだなと。みんなであの雰囲気をつくります。ファミリーです。ボケて、ツッコんで、答えて、またツッコんでもらってまたボケて。そうやって一本の大喜利をつくっている。

序列に厳しい落語界で、僕以外のメンバーは本来「雲の上の存在」です。座布団を横並びにさせていることからしておこがましい。僕なんて下の下の下の下なのに、師匠方はそっと僕のところに下りてきて、ボールを投げてくれる、僕がボールを投げれば返してくれる。ちゃんと横並びとして扱ってくれている。それがどれほどうれしいことか！

人嫌いの僕なのに、人に助けられながらなんとか毎週やっています。師匠方には本当に頭が上がりません。本番だけでなく、どうやったら大喜利をよくできるかについて話したりすることもあります。

林家たい平師匠は「単に大喜利をやっているだけじゃなくて、違うところでももっと一緒にいて、本当の家族みたいになったらいい」とおっしゃってました。大喜利以外の時間も共有し合えば、もっとポンポンポンとキャッチボールができるようになるでしょうね。「やるかジジイ」と言われた歌丸師匠が腕をまくって細い腕を見せつけながら挑みかかっていくような、ああいう関係値をつくっていけたらいいだろうなぁ。

『笑点』の収録日はとにかく「アンテナ」を張るように心がけています。いま、誰がどこにいて何を考えているのかを感知するアンテナです。『笑点』のときはいつもよりその本数を増やします。

すべての出演者やスタッフがどういう状況にあるかを見て、いま自分の視界に入っていない人は頭の中で想像力を働かせて把握します。例えば「先に帰られてしまったら挨拶できないな」と思ったら、ちょくちょく楽屋を見にいったり。いろんなところにアンテナを張って、師匠方の動きや気持ちを理解して、「自分だったらこうしてもらいたい」ということを手を抜かずにやり続ける。ふうって落ち着く時間をなくすようにしています。

大喜利本番でも楽屋でも「これくらいは許していただけるのではないか」というギリギリのところは攻めています。でもだからこそ、アンテナの数と感度が大事なのです。高座でのお客さまとの距離感と似たようなところがあると思います。

人付き合いって、相手をよく見るということですよね。相手が何を思っているのか、何を感じているのかを知るということです。前回会ったときとどこが違うのか。髪型、ネイル、ネクタイ、カバン。言われずとも感じ取って、必要だったら「いいねボタン」を押していくというような作業が大事だと思っています。

僕にとってはそうすることが一番大事。一瞬たりとも、誰かからサボっていると思われたくない。だからこそ、師匠方が「みんなで頑張ろうぜ」となってくれると思うんです。そして、その師匠方はかつてそういうことを絶対やっていらっしゃった方たちです。そんな師匠方の期待に百パーセント応えたいんです。

でも……。ここまで書いて思いましたが、だから僕、疲れるんですね（笑）。ずっとそういうことを考えちゃって、落ち着けないんです。だから、人に会うのが嫌になってくるんでしょうねぇ。

学校公演、子ども食堂……落語への恩返し

何度も言いますが、笑点メンバーになってすべてが劇的に変わりました。いままでまったく依頼がなかったところからも来るようになりました。街を歩いていても電車に乗っていても声をかけられるようになりました。とてもありがたいことです。

ＮＨＫの『にほんごであそぼ』に出たときにもテレビの影響力を実感しました。繰り返し流されるので、街でよく「子どもと見てます」と言われました。

笑点メンバーになると、落語家で誰を知っているかと聞かれたときに名前が出てくる確率がグッと高くなる。『笑点』の影響力は想像以上。だからこそ、たくさんの方に落語を知っていただく窓口になりたい。

学校公演もこれまで以上にやっていきたいもののひとつです。学校の課外授業として子どもたちの前でやる落語ですが、二ツ目のころからずっとやっています。ただ単純に子どもたちに落語を知ってもらいたい、聞いてもらいたいんです。

落語は知っていても「聴きにいくほどじゃないなあ」という方が多いですよね。まずは若いときに一度触れてもらえれば、大人になってから寄席に行くハードルが低くなるはず。落語は僕を幸せにしてくれました。だから落語への恩返しをしたいんです。

子ども向けのワークショップも定期的にやっています。子どもたちに小噺を教えて、家で稽古してから一か月後にまた集まってもらって舞台の上で発表してもらう。すると、うまくいかなくて悔し泣きをしたり、うまくいってうれし泣きをしたり。それを見ている親御さんまで感動して泣いてしまう。落語を中心にして、関わった人の心が動いていく。最高です。

「子ども食堂」のような取り組みも、ゆくゆくはやっていきたいですね。笑点メンバーになって、それなりに顔も認知していただけるようになりましたし、自分の仕事が順調であれば、地元の戸越銀座や武蔵小山でそういう活動をしている人たちのお手伝いができればいいなと思っています。

自分が子どものころ、家族みんなでいただきますをした記憶がない、という話をしました。だからでしょうか、自分で家族を持ってからはできるだけ子どもたちと一緒にご飯を食べるようにしています。

僕の新作落語「パイナップル」は、主婦が始めた「子ども食堂」が舞台ですが、「人はご飯を誰かと一緒に食べたほうがいい」というメッセージが込められています。どこかで一人でご飯を食べている子がいたら、みんなで一緒に食べられるようにしてあげたいな、と。

最近は「落語ブーム」ということで、裾野は広がっていると感じますが、まだまだです。僕が落語界に入る前は「暗黒時代」と言われ、寄席にお客さまが数人しかいない日々が続いた時代が何十年もあったそうです。それに比べると、いまはホール落語で五百人の席が完売するとか、確かにそういう意味では落語ブームになっています。

それでもコンサートやスポーツイベント、単館もありますが映画などに比べたら、規模的にはエンターテインメントとして足元にも及ばない。

昔に比べれば、多くの若手落語家がバイトをしなくても食べていけるくらいの芸能にはなったかなという思いはあります。でも、もし『笑点』のような番組がなくなってしまったら、落語家という存在を知らない日本人が出てきてしまうという恐怖感もリアルにあります。

立川談春師匠、春風亭昇太師匠をはじめ、落語家がまたテレビにどんどん出始めていると思います。これから十年。ここから、これからが大事。

僕ら落語家がどれだけ使いやすい人間かということをいかにメディアに知っていただけるか。熱湯風呂に入ろうが、メチャクチャ辛いものやゲテモノを食おうが、「あんなの落語じゃない」「あんなの落語家じゃない」と言われようが、「かまわない」と。そこまでやらなくてもいいかもしれませんが、メディアでもっと落語家の露出が増えれば、寄席に人が戻ってきてくれるはず。どんなきっかけでもいい。「落語って聴いてみたら面白い」って思っていただきたいです！

母、みっちゃんとの再会

母が戸越銀座の定食屋を閉めて千葉に移ったという話は第一章でしました。六年ほど前に持病が悪化。体も自分で自由に動かせない、家族を認識できないという状態に。その後、猛威を振るった新型コロナ禍で、病院は家族ですら面会謝絶。おかげで四年間会えずじまい。近所に住んでいた姉ですら母と会えませんでした。

僕はというと、母に自分の真打ち昇進も『笑点』のレギュラーメンバー入りも直接会って伝えられていないのがずっと気がかりでした。

そんな折も折、日本テレビの特別番組『もう一度、逢いたくて旅に出た。』から「誰か会いたい人はいませんか？」とオファーがあり、「母に会いたい」とお願いしました。自分の母親なのに「もう一度、逢いたい」って言うのも恥ずかしいのですが、これはいい機会だと。

母、光子は僕や姉たちと本当に仲が良くて、いつも「みっちゃん」と呼んでいました。母親というよりも友達みたい。だから、カノジョのこととかも隠さずに何でも話しました。

そのみっちゃんは僕が中学一年生のときに離婚してからというもの、苦労のし通し。銀座でクラブを経営したり、借金までして定食屋をやりくりし、僕の高校の学費を出してくれたのはお話しした通りです。

中学生のころ、「舞台役者になりたい」と言ったら「夢があるなら頑張れ」と励ましてくれた。大人になって「落語家になりたい」と言ったら「自分の人生だからやりたいことを一生懸命やればいい」と言ってくれた母親の優しさに心から感謝しています。

母の愛は海より深い。よくそう言いますが、そんな言葉を体現してくれた母に、息子がいまどうなっているかを自分の口から伝えたかったのです。

番組収録の日は、『笑点』の大喜利で着る若草色の着物を身に着けることにしました。病院へ向かう道すがら、四十六歳にもなって、自分の母親に会うだけなのになんでこんなにドキドキするのだろう？　緊張が高まるなか、番組のマイクロバスが病院に着きました。レンガ色をした三階建ての建物。一階にある受付で手続きをすませると、白衣を着た女性の案内で母の待つ病室へ向かいました。

「失礼します」

緊張したせいか、敬語でそう言いながら白いドアをトントンとノックする僕。ベージュの壁紙に包まれた部屋に、ピンク色の布団の中で横になっているみっちゃんがいました。

「みっちゃん？」

一歩ずつ近寄り、白地に紫色の花があしらわれたパジャマ越しに肩を触りました。

「わかる？　利之だよ」

みっちゃんの顔が一瞬ほころんだように見えました。

「わかるの？　わかるんだ！」

思わずベッドに身を乗り出しました。

「ごめんね、なかなか来れなくて。久々だね」

瞬きをして応えるみっちゃん。

「落語家で真打ちになりました。たくさんの先輩とか仲間とか後輩とかに手伝ってもらえて無事興行をすべて終えることができました」

「その次の年、僕もみっちゃんも見ていた『笑点』という番組のレギュラーメンバーにさせてもらってもう一年たったんだよ。みっちゃんが一番喜んでくれると思ったんだけど、ずっと来れなくてごめんね」

自然と涙があふれてきて、止まりません。

昔のことを思い出してもらおうと思って持ってきた武蔵小山時代の写真を見せました。精肉店の割烹着姿に三角巾をかぶったみっちゃん。ノースリーブでジーンズの足をまくってポーズをとるみっちゃん。その腕にはいつもちっちゃな僕が抱きかかえられています。

「懐かしいね。みっちゃん、メチャクチャかわいいよ！」

タブレットを取り出して、真打昇進披露宴や『笑点』の動画を見せました。

「この人が円楽師匠、この人が昇太師匠。すごくお世話になったんだ」

目を細めるみっちゃん。

「こんな番組のレギュラーになれると思わなかったよね！」

みっちゃんはお酒が大好き。元気なころは、よく一緒にテレビを見ながらビールを飲みました。だから、お土産にビアグラスをプレゼントしました。チタン製のペアグラスです。

「一個がみっちゃんので、もう一個が僕、利之のだよ。いつか一緒に飲めたらいいね」

あんなにかわいがってもらったのに、なかなか会いに来られず、寂しい思いをさせてしまった。なんて親不孝者なんだ。そう思うと、また涙がこぼれてきた。

「いままでごめんね。全然来られなくて。毎日長かったね。またすぐ来るからね。それまでテレビで見ていて。毎週頑張るから」

そう言って病室を出ました。

来られてよかった。会いにきてよかった。僕をわかってくれてよかった……。

こんな機会を設けてくれた番組さんには感謝の言葉もありません。ありがとうございました。

番組でＭＣをされていたサンドウィッチマンの伊達みきおさんもおっしゃっていましたが、会いたい人には会いたいときに会わないといけないですね。

棺桶に入るまで落語家でいたい

「ここじゃない」「ここじゃない」って生きてきました。

弟子入りしてからは落語一筋でしたが、笑点メンバーになってからは落語以外の仕事も増えました。ラジオやテレビのレギュラー番組やテレビドラマのお話もいただきました。

一時的にそうなってもいいのですが、落語家ですので高座に上がってしゃべることを大事にしたい。軸は常に落語に置きたいと思っています。

どんなときでも落語をやり続けて、新しい噺を覚える努力は続けたいです。百回連続でいい高座ができても百一回目に失敗したら、明日からお客さまが一人も来なくなるかもしれない。いまでも毎回、高座が怖いです。

稽古の時間が取れないと不安になります。新しい噺をインプットできないと、落語家として成長できている気がしないからです。以前、テレビの対談番組で、ある師匠にそんな不安を口にしたら、

「若手でいまそれを経験できているのは宮治君しかいない。普通の落語家では会えない人たちと会って仕事をしていることは宮治君の財産になる。その経験は無駄じゃない」

と言われました。僕なんかよりずっと若いころからラジオやテレビで活躍し、トップランナーとして走り続けてきた師匠の言葉には重みがありました。

別の師匠からは「稽古ができないなら、いま持ってる噺で、やらなくなった噺をやればいいんだよ。絶対感じ方が変わるから」と言っていただきました。確かに、前座のころから宮治展やサンケイリビング新聞社さんの独演会のたびにネタ下ろしをしてきましたか

ら、百五十くらいはありますね。稽古の時間が取れないときはそれをやればいいんですね。

もうちょっと落語家としての仕事をしたいのですが、贅沢な悩みですね。会場で目の前にいるお客さまが喜んでくれるよう全力でしゃべって、家族全員がご飯を食べられればいい。棺桶に入るまで、そうした作業を手を抜かずにやり続けたいと思っています。


一日三件も仕事が入ると、さすがに体力的につらい。早朝からロケをやって、一度抜けて地方で落語会をやって、また東京に戻ってロケをやって……という感じ。信じられないくらい移動しているので、乗り物の中にいる時間が増えました。落語を聴く時間に充てることもあるけど、基本的には体を休めています。でも、疲れすぎると熟睡できないんですね。一日中、眠い。とはいえ、人生で一度、経験できるかできないかの〝大波〟ですから、一度この波に乗ってみたら、あとがラクに感じるんじゃないかって。

二ツ目になったばかりでＮＨＫの大賞をいただいたときもガムシャラにやりました。いいタイミング、いい時期なんてないんだなあってつくづく思います。波に呑まれながら必死にあがいて這い上がっていく作業の繰り返し、僕の落語家人生ってまさにそう。常にフウッて息を抜く間がないんですね。真打ちになって「フウッ、やっと一息つけるかな」と

なった途端に『笑点』という大きな波が襲ってきた。次は何が来るの⁉

でも、こうした経験は決して「無駄にはならない」はずです。重りをつけて素振りをしたあとにバットを振ると軽く感じるじゃないですか。だからいまは鉛のバットを持って毎日、打席に立っているようなものかな（笑）。来シーズンからラクになると信じて頑張っています！

一之輔兄さんは「年間九百席をこなす」と言われていますが、高座数は多いほうがいいと考えています。場数の多さから生まれる何かがある。それはすごく大事なもの。高座数が増えれば増えるほど、いろいろなところに手が届くようになる。武器が増える、引き出しの数が増えるんです。

地方の会場で新しいお客さまの前に立つと、絶対喜んでもらいたいと奮い立つのですが、そのためにもっと武器を身に着けたい。いまはまだ徒手空拳です。

落語会では、滑稽話だけでなく、人情噺、怪談噺などいろんなジャンルの噺をします。だから、『笑点』で大喜利をしている桂宮治と高座での桂宮治が違うキャラに見えることがあるかもしれません。でも、それも含めて人でしょ、と。

人間なんて一色なわけがない。その場所にいるときの私はそれだし、この場所にいるときの私はこれ。演じ分けているわけではないけど、時と場合によっていろんな色になる。『笑点』で暗い顔して怪談やるなんてありえない。日曜日の夕方、全国のお茶の間にいるお客さまに楽しんでもらうのが『笑点』です。

でも、高座ではここでは書けないようなきわどいことを言ったり、「みなさん、一回地獄に落ちてください」というような噺もする。「あいつ、テレビと高座で全然キャラが違うな」と言われたら、「いえいえ、それも僕ですから」と、はっきりその人に言えます。「あなた、一色なんですか」って。そこはまったく気にしてない。これまで通りの自分でありたいと思っています。

落語に救われた人生

落語家はしゃべるのが仕事だからって、世間でいうところの〝社会適応力〟があるとは限りません。だから「二人会、三人会は苦手」という噺家も実は結構います。僕はもうご存じの通りの社会不適合者です（笑）。でも、仕事は来るものは拒まず、です。勉強しなければいけないし。そうやって、二人、三人で仕事をしていると、「噺家の人って意外と信用できる」って気づくんです。結構いい人が多い。少なくとも僕は波長が合うというか、ウマが合うというか。楽屋で同期や先輩後輩といると、本当にみんな、いい人だなって思います。

そうなんです。自分がそうだからわかるのですが、落語家には、落語がなかったら〝居場所〟のない人がたくさんいるのです。

前に話した対談番組で、その師匠がおっしゃっていたのですが、「落語家の修業は大変だとか、つらいとか言ってる若手がいっぱいいるけど、そうじゃないよなあ」と。僕は「はい」と即答しました。僕も社会人を何年か経験していますけど、社会で働いている人だって十分大変ですよね。落語家の修業とか落語をやってるほうが、どれだけラクで楽しいことか。なかなか売れないとか、思うようにいかないことはいっぱいあるけれど、僕にとっては一般社会のほうがつらい。

僕は落語に救われました。

落語界に入れていただいたのは、落語家になれたのは、人生で最大の出来事です。妻と師匠に出会えたからこそです。若いころ、闇の中をさ迷い歩いていましたが、二人の導きで落語界にたどり着くことができた。こんなにいい人たちがいる世界に住むことができるようになりました。

『笑点』の収録時、林家たい平師匠と昇太師匠が袖でバカなことを話して笑っている。五十代と六十代という大の大人が腹を抱えて笑っているんです。楽屋って、ホントに楽しい。そんな世界にいられるのが本当に幸せです。売れている師匠方は必死に努力をしてきたからこそ、ものすごい経験をしているからこそのトーク力がある。だから、楽屋で話しているると信じられないくらい楽しい。もちろん、頑張っていないと、その仲間には絶対に入れてもらえない。手を抜いたりして「こいつダメだな」ってなると無理です。

一之輔兄さんと二人会で勝負して負けてつらいときもあるけど、打ち上げで兄さんと飲むお酒のうまいこと、うまいこと。帰るころには「よし頑張んなきゃ。またおいしいお酒を飲もう」となる。僕にとって、こんな経験をさせていただけるのは落語界だけです。

「ホワイト宮治」と「ブラック宮治」

落語を聞いていると、「所詮、人間ってこんなもんだよね」と思ってしまいます。いい人も悪い人もいる。どんな優秀な人間でも歴史に名を残す偉人でも、良いこともすれば、屁もこくし、ゲロも吐くし、スケベなことも考える。世の中って、清く正しく美しいだけじゃないですよね。人に見えないように隠しているだけ。「押されたくないボタン」を必ずみんな持っているはず。

光のあるところには影があるでしょ。世の中ぜんぶそうですよ。

三十歳までまともに落語を聴いたことがなかった僕が言うのもおこがましいですが、落語って、そういう〝人間そのもの〟を描いているのではないでしょうか。人間の善と悪、陰と陽……落語のストーリーはその境をグッチャグチャにしているから面白い。主人公にとっては悪い人でも別の登場人物からしたらいい人だったりする。そういうすっきりしない噺って、たくさんありますよね。

稽古をしていると、「あ、人間ってこういうところあるよね」と気づく。で、もっともっとひどいことをさせてみたらどうなるだろうって展開していくと、「あ、こういうヤツって絶対いる！」となる。人間の本性を笑いに転換できたときは本当に楽しい！

落語には残酷な噺もあります。しかもたくさんある。お金のために人を殺《あや》めたり、兄弟を裏切ったり、娘を吉原に売ったり。

そういう噺をすると、「なぜそんな嫌なことをわざわざ言うの？」と思う人もいるでしょう。僕は怖いものはより怖く、気持ち悪いものはもっと気持ち悪く演出して話したくなるんです。なぜかと問われれば、答えは「それが自分自身の中にもあるから」です。

人前では言わないけれど、心の中ではひどいことを考えていることってありませんか？なのに「そんなこと全然思っていませんでした」って、しれっと言える人が評価される世の中です。でも僕は、

「それは違う！　世の中きれいごとばかりじゃない。お前もそうだし、俺もそうだ」

と言いたい。先人たちが代々、長い時間をかけて練り上げてきたストーリー、落語という表現手段を借りて「人間って、こうじゃん」ってことを大声で言いたいのです。

人間の〝闇〟の部分を話すときには明るいところをとことん明るく話します。「闇」と「光」の振れ幅が大事。その振れ幅の中で、人間が持ついろいろな感情を感じてもらいた

いのです。いまの僕には落語で描かれる「笑い」も「涙」も「欲望」も「悪」も「怒り」も、すべてが面白くて仕方がない。

「そうだ！　人間なんてそんなもんだよ」

「もっと薄汚い感情を出してくれ。そのほうがホッとするよ」

こんなふうに感じていただけるお客さまもいるのではないかと。僕の中には「ホワイト宮治」もいるし「ブラック宮治」もいる。僕みたいな噺家が一人くらいいてもよくないですか？

〝人見知り〟だった僕はたくさんの人に助けられて生きてきました。

妻が落語に出会わせてくれ、師匠が落語家として育ててくれた。感謝しかありません。それに加えて、落語そのものが持つ人間というものへの理解力、人間の弱さに対する包容力、優しさがあったからこそ、僕はなんとかここまで来られました。僕を育ててくれた家族、妻や師匠をはじめ僕と出会ってくれたすべての方々、これまで落語を脈々と受け継ぎ、いまも支え、さらに発展させていこうとしている落語家の先輩後輩のみなさま、ファンのみなさま、落語に関わるすべてのみなさまに心から感謝しています。

僕は落語と出会うまで、人前ではきれいごとを言わなければ生きていけないような気がして、だから気を使いすぎて人と一緒にいるのがつらくて、周囲の人たちとまともに向き合うことができませんでした。いまだって十分にできているとは思えません。

「人に会うのが苦手」です。

人と会うって、いいことばかりじゃない。むしろ、つらいことのほうが多い。

昔はもっと根深く思っていましたが、口には出せなかった。だからますます生きづらかったのだと思います。

でも、いまはなぜか言えます。

「僕は〝人嫌い〟だ」

って。

あとがき

マイケル・J・フォックス主演のアメリカ映画『摩天楼はバラ色に』という映画が大好きで、もう何十回も見ています。田舎から出てきた青年のサクセスストーリー。就活の失敗から始まるのですが、度胸と機転でいろんな人を巻き込みながら成り上がっていき、てっぺんまで登り詰め、憧れの女性までゲットしてしまう。見ていてスカッとするんです。

中学生で初めて見たとき、当時の自分のグジグジした性格と比べて、まったく逆の主人公に憧れました。頭の良さ、行動力、僕が欲しいものをすべてもっていてカッコよかった。「いつか自分も成り上がってやる」と思っているのに、何をやっても大成しない。それが僕の人生でした。「いつか、いつかは」「これで終わりたくないんだ」。いつもそう思っていました。でも、何かちょっとやるとすぐに飽きてしまう。ワゴンDJもそうでした。要領よくやって実績をあげていたけど、また逃げる。

この間、久しぶりにまた『摩天楼はバラ色に』を見ました。いまでも面白い。自分の願望を再確認できる。まだチャレンジしたい自分が奥底にいると気づけるんですね。嫌で苦しいことも、実は心のどこかで望んでいたのかもしれないと思ったりもしました（笑）。

笑点メンバーになってから学校公演に呼ばれると、生徒さんたちに、いつもこんなことを話しています。

初めから夢なんかなくてもいい。

僕は落語に出会って初めて真剣に頑張らなきゃいけないと思った。それまでは借金まみれ。無職になった自分を妻と師匠が、人生を懸けて応援すると言ってくれて変われた。「命を懸けよう」と思えるものにも人にも出会えた。そのときが人生に一回はくると思うから、そのときに頑張ろう。そうしたら明るい未来が必ず待っているから。

いまは何も前が見えなくても、やりたいことを見つけられなくても大丈夫。ただ、人にだけは優しくしよう。感謝をしよう。それは必ず自分に返ってくるから。

いつかそのときがくるから。

もし僕が二十代のころに「落語家になろう」としてもうまくいかなかったと思います。芝居に失敗し、借金漬けで、元カノを傷つけ、お金を稼ぐことに嫌気が差していたところに、無償の愛を注いでくれる妻がきっかけをつくってくれ、師匠が拾ってくれたからこそ、なんとかなったのです。

全部が偶然であり、必然。

何か一つでも歯車がズレていたら、全然違うところに行っていたに違いありません。偶然と奇跡が繰り返されてきた結果だけど、僕にとっては「必然」だったと思いたいんです。そういうふうに、なるべくしてなったのだと。

僕は人との出会いに本当に恵まれていると、いまは思えます。一つひとつの出会い、していただいたことの一つひとつにとても感謝しています。

噺家になってからというもの、人から何かしていただいたら、次に会ったときには必ず相手の目を見て感謝の気持ちを伝えるようになりました。落語に出会って「ここで一生、生きていくんだ」と心に決めたときに、必死になってみなさんに頭を下げていたら、そうなりました。

挨拶とお礼――。それが体に染みつくと、物事がうまく回るようになって、「これが一番大切なことなんだ」と気づきました。そこで手を抜くと、人はダメになっていくのだと思います。感謝とか人への気遣いを少しでもなくしてはいけない。人との関係はその一瞬で終わってしまう。

情けは人のためならず。巡り巡って己がため――。

それが人との出会いを引き寄せる秘訣。人には優しくしたいですね。

こういうことを言っていると、「偽善だ」という人がいるかもしれません。でも、講演会でよく言うんですが、「偽善から出た実もある」と。偽善だといって何もしないで文句ばっかり言う人より、嘘でもいいから人によくしたり、いい人のふりをしたり、助けたりするほうが素敵だと思うようになりました。

偽善だろうがなんだろうが、深々と頭を下げている人のほうが「実」です。「嘘から出た実」ではなく、「偽善から出た実」です。

そもそも人間がすることなんて、みんな偽善みたいなものじゃないですか。同じことでも「よく思われたい」と思ってやれば、全部「偽善だ」となる。でも、その人が何を考えているかなんてわからない。それなら、やったほうがいい。人見知りで人嫌いの僕だからこそわかる、人と接するときの打開策です（笑）。嘘でもいいから笑っていることで絶対によい空気が生まれる。少し高い声、柔らかい表情で話すだけで、すべてが変わっていくんです。

家族の中にも礼儀あり、挨拶もあり。妻にコーヒーを淹れてもらったり、ビールを注いでもらったら「ありがとう」って必ず言います。子どもたちにもそこはきつく言っています。

人嫌い、人嫌いと言ってきましたが、BSフジの『〜日本全国〜桂宮治の街ノミネート』に出演するようになってから、人に接することが苦でなくなってきています！　これはものすごく大きな変化。ありがたいことです。僕は人嫌いなのに、どこに行っても「宮治さん、会いたかった」「写真撮っていいですか」と言っていただける。つくり笑顔でないのがわかります。

番組でその土地の方々と触れ合ううちに「あの人がいるならまた来たいな」「近くに来たら必ず寄りたい」って思えるようになりました。人嫌いを克服できたとまでは言えませんが、何も気にせずに会える人が全国に増えていくんじゃないかなと。リハビリというか、人嫌いの治療になっているみたいですね。

でも、基本はやっぱり一人が好きです。家が好き。

これは、この先も変わらないいんじゃないかな。


……と、ここまで書いたところで、最後にあらためて最初から読み直してみました。

そこで、思ったことがあります。

「オレ、何さまだ？」

いや、「なんかオレ、偉そうだな」とか、「三十歳まで落語を知らなかったくせに何言っちゃってんだろ」とか思えるところがどんどん出てきました。

「こんなこと書いて、あの人、怒んないかな」

「あの人にメチャクチャ突っ込まれるな」

不安がどんどん膨らんでいって、グジグジ、グジグジと心がザワついてくる。

「やっぱりこんな本を出す話、引き受けなきゃよかった」

なんてバカなことまで考える始末。

でも、なぜでしょうか。

本の中のシーンを思い出して、ワクワクしている自分がいます。恐怖におびえる自分も、悲しみに暮れる自分も、歯を食いしばる自分もいます。
こんな僕の人生がどれだけみなさんに楽しんでいただけるのかは、まったく自信がありませんが、次々と襲いかかる荒波の中で必死にあがいてきたダメ男の話を読んで、少しでも元気になって、笑っていただければうれしいです。

明るい所に花は咲く

まえがきでこの言葉を書きました。
僕自身はいつまでたっても根っこは暗いですけど、人前では明るく振る舞い、たくさんのお客さんを笑顔にしたいと思っている。そうすれば、そこでよいことが起きるはずだと信じています。

二〇二三年四月

桂宮治

あとがき

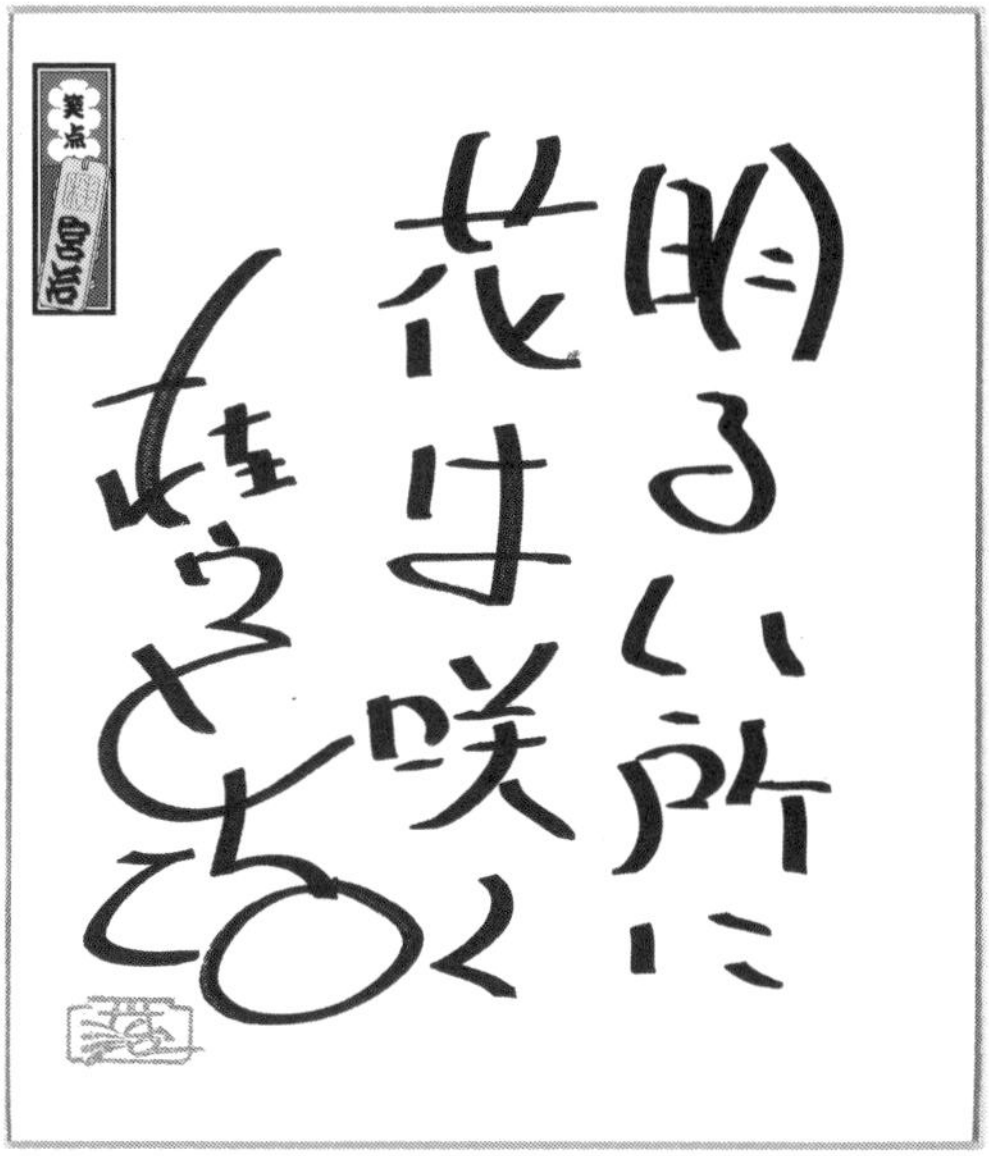

桂宮治（かつらみやじ）

1976年、東京都生まれ。落語家。
自身の結婚式当日に勤務していた会社を辞めると宣言し、桂伸治に弟子入り。2008年に楽屋入り。2012年、二ツ目に昇進し、「NHK 新人演芸大賞」を受賞。2021年２月、真打ちに昇進。落語芸術協会では、会長の春風亭昇太以来、29年ぶりの５人抜きでの真打ちとなった。都内や全国での落語会にも精力的に出演している。また、2022年１月からは『笑点』のメンバーに。『情熱大陸』などメディアへの出演も多数。『笑点』（日本テレビ）、『笑点特大号』（BS 日テレ）、『～日本全国～桂宮治の街ノミネート』（BS フジ）、『桂宮治のザブトン５』（文化放送）、『桂宮治「これが宮治でございます」』（TBS ラジオ）にレギュラー出演中。

構成　下田 彬
装丁　渡邉民人（TYPEFACE）
本文デザイン　谷関笑子（TYPEFACE）
写真　武藤奈緒美
校正　小西義之
編集協力　廣岡裕子　佐藤謙次
編集　秋葉俊二

噺家 人嫌い

発行日　2023年５月４日　初版第１刷発行

著者　桂宮治

発行者　小池英彦
発行所　株式会社 扶桑社
〒105-8070　東京都港区芝浦１－１－１　浜松町ビルディング
電話　03-6368-8870（編集）
03-6368-8891（郵便室）
www.fusosha.co.jp

印刷・製本　中央精版印刷株式会社

Printed in Japan
ISBN978-4-594-09444-7